JN195153

日本の中の
インド亜大陸食紀行

アジアハンター代表
小林真樹

阿佐ヶ谷書院

はじめに 004

第1章 日本に於けるインド亜大陸食材店

インド食材店の棚図解 008
インド系食材大手アンビカのニッティン・ヒンガル社長インタビュー 014
群馬と新大久保に拠を構えるナスコのナセル・ビン・アブドゥラ社長インタビュー 020
ネパール食材店の棚図解 026
バングラデシュ食材店の棚図解 032
パキスタン食材店の棚図解 035
日本ハラール・ビジネスの始祖ラジャ氏とガリブ氏 040

第2章 東京に於けるインド亜大陸

東京南インド料理三昧 050
東京ネパール人街食探訪記 061
東京スィク寺院のランガル 078
在日インドコミュニティイベントを食べ歩く 083
在日ネパールコミュニティイベントを食べ歩く 094
インド人家庭に潜入・家族編 105
インド人家庭に潜入・単身者編 110
ネパール人家庭に潜入 113
魅惑のインド菓子の世界 118
都内で楽しむベンガルの美味 126
インドネパール料理店の謎 135
飲食店で楽しむアート鑑賞 143

第3章 東日本に於けるインド亜大陸

スープカレーとネパールカレー 160
札幌のダワットカフェ 164
東北パキスタン料理紀行 167
仙台駅東口に広がるネパール系 176
北関東イフタール紀行 180
ナーンの世界 186
パシュトゥーンのカバーブ食堂 198
埠頭で食べるパキスタン 202
ファルーダ活動記 205
富山モスクと新潟モスクのイフタール 210
北陸・信州南アジア料理紀行 218
浜松での南インド料理パーティー 224
名古屋で祝うダサイン 227
名古屋パキスタン料理紀行 232

第4章 西日本に於けるインド亜大陸

関西随一のムスリムレストラン 238
ふたつのインド料理世界 244
神戸スィク寺院探訪 250
インド人邸宅の日本人家政婦の世界 256
いにしえのインドの残り香 260
岡山の南インド、パイシーパイス 264
徳島の南インド、キルシュナ 270
福岡カレーシーンの中心、マルハバ 272
躍動する福岡ネパール社会 278
ナーナックとミラン 290
九州南アジア料理紀行 297
沖縄のスィンディー出身者宅でいただく食事 305
沖縄のネパール人学生食堂 309
バングラデシュ人学生宅でいただく食事 312
日本最南端のモスクの食事 315

おわりに 318

はじめに

日本国内にディアスポラ的に点在するインドとその周辺各国出身者の食と諸事情が面白く、いくつかの段階を経ていつしか気がつくとズブズブとそのぬかるみのような世界に首までつかって現在に至っています。そこに至った個人的な経緯を、段階を追ってお話しすることで本書のまえがきに代えたいと思います。

きっかけはバックパックのアジア旅でした。1991年に初めての海外渡航先としてインドとネパールに行って幻惑されて以来、帰国後もインドとその周辺国の幻影がフラッシュバックのように脳裏に浮かんでは消えるようになりました。手っ取り早い対処法としては再びかの国々に行けばいいのですが、諸事情でなかなかそうもいきません。代わりに足が向くようになったのが日本国内に於いてインド亜大陸出身者と接触し、インド的成分の補給が出来る場所、つまりは料理店、食材店、イベントといった場所でした。これが第一段階です。お店の人たちとカタコトの現地語で話をしてみるとたいていたい大げさに「ワー、スゴイネー」などとおだててくれるものですが、営業トークとは分かってても嬉しいものです。

やがていくつかの気に入った店が出来、しばらく通っているうちに店のオーナーやコックさんと顔なじみになっていきます。場所柄そこでの話題もおのずと「食」に関するものにかたよっていき、いつしかそれが興味の中心へと移行していきます。第二段階です。彼らとよもやま話をする過程で、例えばそこのオーナーやコックさんがどの地方の出身で、そこにはどんな料理があるか、地元の宴席にはどういう料理が出るのか、季節ごとにどういう食材が獲れるかなどといった話を聞いているうち「次に行った時はその地方に行ってその料理を食べてみたい」などと妄想が膨らんでいきます。時折、里帰りしたオーナーが実家から持って帰った手作りアチャールなんかをサルビスしてくれた際など、妄想とリアルが交錯して興奮は頂点に達します。

国内店探しの旅は次第にエスカレートしていき、やがてもっと現地感を濃厚に感じられる店、日本人相手じゃないような店を探して歩く段階に入ります。第三段階です。そしてこの手の店が必ずしも大都市圏にのみ存在する訳ではなく、むしろ地方都市に多くかたまっていることに気づくようになります。なぜこの街なのかと不思議に思って周辺を歩くと、例えばパキスタン料理店や食材店がかたまっているエリアには近くに中古車オークション会場があったり、ネパール料理店や食材店がかたまっているエリアには近くに日本語学校やお弁当工場があったりと、それぞれ地域の特性が見えてきます。こうした店は客の中心が現地の人であるため、当然のことながらお客の口に合わせた現地仕様の料理が提供されます。中にはメニューそのものが無いとか、店の醸し出すたたずまいが日本人の訪問を拒絶しているような店すら存在して喜びを感じるのです。

やがてこの手の特殊かつ味わい深い店を訪ね歩く行為そのものが、実際のインド周辺国への旅で感じるのとは別種の、新たな感動を与えてくれることに気づかされていきます。何気ない地方都市にたたずむインド料理店に内包される発見と驚き、感動と興奮、内部事情とその深い歴史。第一段階ではインド旅の代用として始めた国内インド食旅はそれ自体が目的化し、現実のインド旅以上に面白く感じるようになる。最終的にはこの段階に至ります。

中にはこうした料理に触発されて料理作りに没頭するようになる人や、インド方面に旅立ってしまう人、自らが料理店のオーナーになる人、スタッフとして働く人、まれに一周回って第一段階が再び面白くなる人も居るでしょうが、この本でフォーカスするのは基本的にこの段階です。リアルなインドとその周辺世界への旅では決して味わうことの出来ない、もう一つの濃厚で香ばしい、日本国内に於けるインド周辺の「食」世界のごく一端をご案内出来れば幸いです。

なお、日々目まぐるしく変化するインド系飲食店の世界、ここで記した内容はあくまで2019年現在における状況であることをご了承ください。また現地語のカタカナ表記ですが、店名や一部のメニュー名、人名などはオーナーやご本人の付けた表記に従いました。

第 1 章
日本に於ける
インド亜大陸食材店

インド食材店の棚図解

広大なインドではそれぞれの地域性を色濃く反映させた食文化が各所で見られ、それがインド料理の魅力を形作っているが、食材店で一般に売られているのはこうした地域的な差を越えて消費される穀物類、豆類、スパイス類などが主体である。ある程度のマーケットがなければ商売として成立しないため、取扱商品がどうしても最大公約数的なものになりがちなのは致し方ない。従って、どの店に行っても似たような品揃えであることが多いが、一方でここ数年増加の一途をたどる南インド系の人々の需要に合わせて南インド食材を扱う業者も増えてきている。このように食材店の棚は、そこを利用するインド人の地域性や出身地別の勢力分布、また、国外に於いて彼らが日常的に必要とするモノが何かを仔細に教えてくれる重要な情報源でもある。

バスマティ | BASMATI

出来立ての香り高いバスマティの美味しさは何にも代えがたい。そもそも「香りの女王」を表すサンスクリット語が名称の由来となっている。歴史書には、中世には既にインドから中東に輸出されていたという記述もあり、現在でもインドは世界一のバスマティ輸出国である。産地として有名なのはウッタランチャル州デヘラードゥーンだが、現在インド国内で最も多く生産しているのはハリヤナ州である。日本ではインド料理で食べる米というとバスマティのイメージが浸透しているが、高価でもありインド本国では日常食ではない。来客時やハレの日の食事というイメージである。バスマティの魅力のひとつはその長さにあるが、精米の過程で欠けてしまったものはトゥクラ・バスマティ（トゥクラは「かけら」の意味）として割安で販売される。西インドでは日常米としてはこうした低価格の破損バスマティやコーラム米が一般的であり、同様に西ベンガルではスワルナ米やラトナ米、アーンドラ州ではソナマスリ米、タミルナードゥ州ではポンニ米などといった米が主に日常的に食べられている。

アーター | ATTA

アーターは広義には穀物を挽いた粉全般を意味するが、特にアーターとだけ言う場合は小麦（ゲフン）を挽いた全粒粉を指す。特にアーターから作られるチャパティ、プーリーは広く北インド全土で食べられている。この粉を挽く石臼はアーターチャッキー、または単にチャッキーと呼ばれる。北インドでは製粉されて袋詰めされたものや量り売りもされているが、アーターは挽きたてが風味も良く好まれることから特に田舎の家庭では皮付きの小麦粒を大量に保存しておき、毎日あるいは数日分をその都度石臼で挽いてローティー（薄焼きパン）を焼く。都市部でも製粉屋に皮付きの小麦粒を持ち込んで1週間から2週間分のアーターを製粉してもらうのが現在でも珍しくないという。袋詰めのアーターもインドでは多くのメーカーのものが存在するが、現在日本に輸入されているのはPillsbury社やAashirvaad社のものなどである。インド人のイメージではPillsbury社のアーターはより粉末が細かく、Aashirvaad社のアーターはより粗挽き感を感じるという。もちろん好みの問題もあるが、タワ・ローティーやチャパティを作る場合には粗挽きのアーターが、より薄い生地のフルカ・ローティーを作る場合は微細なアーターが適していると考えられている。

ドーサバター｜DOSA BATTER

バターとは生地のこと。ドーサまたはイドゥリ、ワダなどを作るためには米やウラッド豆を石臼で挽き、さらに季節によって時間を変えながら発酵を進める必要がある。この作業が家庭内では手間であることから現在ではインスタントミックスが各社から販売されている他、飲食店などの調理場で作られた出来合いの生地が店頭で販売されていることもある。生地だけ販売する形式は家庭用ウェットグラインダーが普及しているインドでも一般的で、食材屋などで生地を購入し自宅のタワで焼いたり蒸してイドゥリにする人は多い。日本国内では、大島にあるアプナ・バザールでは週末のみこうした生地が販売されている。

ギー｜GHEE

インド国内には多くのギー製造会社があり、現地の大型ショッピングモールの食料品売り場ではたくさんのメーカーから出されているギーが陳列されていて壮観である。日本国内で最も多く出回っているのはアムール社のギーである。アムール社からはいくつかギーが販売されていて、うち黄色いパッケージのものは牛（COW）の生乳を原料としたのもので、日本国内でよく目にする白いパッケージのものは水牛の生乳も原料にしている。ちなみに統計ではインドで生産される生乳は牛のものより水牛のものの方が多い。ギーは生乳の最終加工形態で、料理に使って美味なだけでなく、インドのような暑い環境でも長期保存が可能であるため、インドの農村部では貴重な換金作物であり、またその完全性が尊ばれ料理だけでなく宗教儀礼にも用いられる。

油｜OIL

インド料理と食用油は不可分の関係である。他の食材同様、油もまた地域性豊かで各地により好まれる油の傾向があり、西インドでは日本にはあまり輸入されないがピーナッツ油、ベンガル地方や北インドの一部ではマスタード油、南インドではココナッツ油が、それぞれの地域を特徴づける油となっている。こうした食用油の需要はインドでも年々高まり、安価なパーム油、大豆油、ヒマワリ油などが東南アジアなどから輸入されてインド全域で広く使われてもいる。

豆 | DAAL

挽き割り状態に加工され乾燥させた豆類全般を北インドではダールと呼び、さらにそれを使って調理した汁気を持たせたおかずも同様にダールと呼ぶ。タミルナードゥではパルップと呼ばれるなど、場所によって呼称が変わったり地域によって好まれる種類が異なるが、インドのほぼ全域でほぼ毎食何かしらの豆類を用いた料理が食べられる最もポピュラーな食材。料理としてのダールは北インドでは主にローティーやライス、南インドでは主にライスと共に食べられる。こうした食べられ方の他、石臼で挽いて発酵させてティファン類にしたり、粉末にしてパパルにしたり、菓子の原料にしたりとその加工や食べられ方には無尽蔵のバリエーションが存在する。インド料理を象徴する食材であり、それを用いたことわざや慣用句も多い。

野菜 | VEGETABLE

ここ数年は生鮮野菜をインドから空輸して販売する動きが顕著である。野菜もまたインド人の食卓にとって必要不可欠な食材であるが、日本のスーパーで入手出来る野菜はどうしてもインドのものとは味も形状も異なる。こうした需要から、とりわけインド人に需要のありそうなカレーリーフ、オクラ、タマネギ、ドラムスティック、ココナッツなどが不定期に輸入されはじめている。入荷状況は業者のSNSなどで告知される。

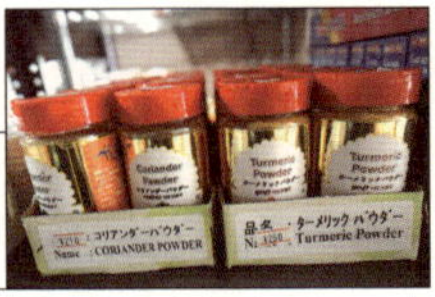

スパイス | SPICE

ホール状やパウダー状を問わず、ごく一部を除いてインドで一般的に使用されているスパイスの大半が輸入され日本の食材店の棚に並んでいる。インドでも日本国内同様、ホールで売られているものもあればパウダーで売られているものもあり、用途に応じて使い分けされているが、アーターと同様ホールを購入して必要に応じて製粉屋に持っていきパウダーにしてもらうこともある。また、同じパウダースパイスでも市場で山積みにされて量り売りされているものより MDH 社などの食品メーカーから出されている箱パッケージのものの方が混ぜ物のないイメージだという。

食品メーカー

インド製のレトルト食品やインスタントミックス、パウダースパイスなどもインド食材店に欠かせないアイテムである。カラフルなパッケージに入った様々な製品は食材店の棚をにぎにぎしく演出する。日本国内のインド食材店でもよく見かける代表的なインドの食品メーカーを紹介する。

まず、MDH（Mahashian Di Hatti）。Everest Spicesに次いでインド国内第二位のシェアを誇るインドのスパイスメーカーで、1919年に現在のパキスタン側パンジャーブで創業した老舗。日本国内的には最も多くのインド系食材店の棚で見かけるブランドである。2代目CEOのMahashay Dharam Palのカリスマ的手腕により分離独立後デリーを拠点に急拡大し、クミン、ターメリックなど9種のGround Spices、ガラムマサラやビリヤニマサラなど23種のBlend Spicesを製造。多くの関連企業もあり、病院設立など慈善事業にも力を入れている。Mahashay Dharam Palは100歳近い高齢である現在も工場に出向いているといわれている。また、同社のシンボルとして頻繁にテレビCMに登場するのでインド人にはその姿はおなじみである。

MTR（MTR Foods）はバンガロールベースの食品会社で、Yajnanarayana Maiyaによって1924年に創業されたレストランMavalli Tiffin Roomが発祥。レストラン部門と食品製造部門があり、レストラン部門ではバンガロール市内は元よりシンガポール、ドバイ、クアラルンプールなど海外にも支店を持つ。食品製造部門は1975年から開始し、各種レトルトカレーの他、南インド料理のインスタントミックスなど様々な製品を出している。ＭＴＲのレトルトカレーが最も多く日本国内のインド食材店に出回っているインド製レトルトカレーである。２００７年に、ノルウェーのOrkla Groupによって買収され子会社化された。

Gits (Gits Food Products Pvt Ltd) は１９６３年マハーラーシュトラ州で設立。グラーブ・ジャームンやワダなどのインスタントミックスを手始めに70年代から海外進出も果たす大手インド食品メーカー。90年代にはギーの製造にも進出。現在世界40か国以上で同社製品が販売されている。Gitsのインスタントミックスも日本国内の多くのインド食材店の棚でおなじみとなっている。

左から MDH 製品、MTR 製品、Gits 製品

インド系食材大手アンビカのニッティン・ヒンガル社長インタビュー

インド料理に欠かせない香辛料や豆類、米・小麦といった食材群。これらを扱う国内最大規模のインド系食材商社として業界に君臨しているのがアンビカである。台東区蔵前にある白い瀟洒な自社ビル1階には小売店舗も設置され、プロ・アマ問わずインド料理を作る多くの日本人やインド人が日参する。まさにインド料理業界の基幹産業の感のあるアンビカだが、それだけに野望あるインド人やネパール人の中には同種の食材商売を立ち上げて競合を試みようとする人が時々現れる。しかしその多くはアンビカの堅牢な牙城の前にあえなく撃沈してゆく。他の追随を許さない業界随一の巨人・アンビカを統括するニッティン・ヒンガル社長にお話を伺った。

――このビジネスを始めたきっかけなど教えてください。

「1998年に創業しました。その前には御徒町で2年ぐらい宝石のビジネスをやっていました。元々宝石のビジネスをやろうと来日したのですが、やはり自身が（食事に制限の多い）菜食主義のジャイナ教徒であることもあって輸入食材の需要を感じてスタートさせました。それにラジャスタン州出身の妻の実家が食材問屋をしていたことも大きいですね。今でも食材の多くはここから輸入しています。

その当時先行していたインド人の食材輸入業者として思い出すのは、今は閉店しましたけど当時板橋にあったソナリシステムスですね。コルカタ出身の方がされていました。他にもあったのかもしれませんが、東京にあったインド人の食材輸入業者で思い出すのはそこぐらいですね。他には日本人のやっていた大津屋、パキスタン人のやっていたハラール食材店のイムラン・トレーディングとかAAGフーズとかアルファァラ・トレーディングなどですね。当時は日本で働くパキスタン人が多かったから、その関係の食材業者も多かったですね。昔からインド人人口の多かった神戸にはビニワレさんやティワリさんといった業者がいましたが、東京で始めたインド人の業者としてはウチが最初ではないかと思います」

――起業後は順調でしたか？

「最初は南千住で開業して、最初の1年はリサーチやら営業やらやっていたのですが、翌年には軌道に乗りました。個人向けの小売とレストラン向けの卸売業、両方最初からやっていました。また、ウチはネット販売の導入も割と早かったと思います。米やアーターなどほぼ全ての食材は当然インドからの輸入品です。インド製のアムール社のギーを輸入したのもウチが初めてですし、現在日本で流通しているインド製品で、ウチが初めて手掛けたというものは多いと思います」

――新規開拓など新しいお店に営業などされていますか?

「いや全く。そもそも新規のお店などがウチにオーダーをくれるのはお店を始める直前ですから営業の仕様がありません(笑)。レストランにしても食材店にしてもネパール人オーナーの店が特にここ5年で大都市圏を中心に非常に増えてきて、卸売している取引先の5割ぐらいはネパール人経営店が占めているのではと思います。とはいえ基本的に彼らのお店も名前の上では『インド料理店』なので、インド人が経営している『インド料理店』と注文時に店名だけ聞いても区別は付きませんが。インド人オーナー店が増えないというよりネパール人オーナー店が急増しているということだと思います。東京では近頃南インド料理店が出来てきてはいますが、せいぜい30軒前後だと思うのでマーケットとしてのボリュームはまだ小さいですね。

ウチが扱っているのはインド料理店で日々使うものの大半です。小麦から米、豆、スパイスなど。インドからの輸入がメインですが、日本国内で調達して販売しているものもあります。たとえば日本米なども扱っています。輸入米はバスマティとソナマスリを扱っていて、特にバスマティだけで5種類のブランドのものを輸入しています。それ以外の米もインドにはたくさんありますが、日本は外米の輸入が厳しく費用もかかるので少量輸入するのは難しいですね。ウチの場合、米を輸入する場合は最低でも2コンテナは輸入しています。それ以下だと販売的に厳しいので。なのでそれぐらいのマーケットがあればバスマティとソナマスリ以外の米も視野に入れます。

ウチの場合、あくまで扱っている食材はインド原産が中心ですが、だからといって顧客が全て

アンビカのヒンガル社長

蔵前にあるアンビカ本社。1階には自社で輸入した商品を販売する小売店も併設

インド人でありません。ネパール人、パキスタン人、バングラデシュ人なども多いです。特に卸の取引では新大久保周辺のハラール食材店ともたくさんお付き合いしていますし、こうしたお客さんからの様々なニーズにも対応するようにしています。もちろん宗教上の理由(ジャイナ教)で肉は扱いませんが」

――輸入が難しい商材なんかもあったりするのでしょうか?

「手続き的に難しいものはさほど多くありません。それより一番重要なのは日本国内のマーケットです。これがある程度見込めないとせっかく輸入しても無駄ですからね」

――今後力を入れて輸入しようと思っている食材などはありますか?

「やはり生鮮野菜ですね。この間試験的にタマネギ、オクラ、ビーツ、カレーリーフ、ドラムスティックなどの生鮮野菜をサンプル輸入しました。今後こうしたインド産生鮮野菜も広く扱っていきたいですね。インドは世界第二の農業大国ですから、今後も日印間の農産物の取引はいろんな可能性があると思っています」

――自社でレストラン経営をしようと思ったことはありますか?

「ないですね。そもそも輸入食品業と飲食業は両立が難しいと思います。似ているように見えるかもしれませんが、全く別の業種ですからね。料理に対する技術や知識が不可欠ですし、食材を扱っているからといって同時並行で出来るような生易しいビジネスではないと思っています。たまに飲食店で食材を輸入販売しているところもありますが、そういうところはひとつのビジネスだけでは不安だからふたつのビジネスを掛け持ちしているように思います（笑）。ふたつのビジネスを同時にやろうとしてもなかなか両方が上手くはいかないものですよ」

――好きなインドレストランはどこでしょう？

「品川のデヴィコーナーは美味しいですね。他には広尾のプリヤ、それから銀座のラージマハルとか六本木のモティなどですね。もちろん私はベジタリアンなので野菜料理だけしか食べませんが」

群馬と新大久保に拠を構える
ナスコのナセル・ビン・アブドゥラ社長インタビュー

いつの頃からか「イスラム横丁」などと呼ばれ、多くのムスリムをはじめアジア系やアフリカ系が闊歩する東京・新大久保界隈。これほど雑多な人種が一か所に集まるのは国内でもここ以外には思いつかない。まさに人種のるつぼという言葉がぴったりの光景。そんな界隈がイスラム横丁と呼ばれるはるか以前から、この地に最も早く根を下ろし商売を続けてきたのがナスコ・グループを率いるナセル・ビン・アブドゥラ社長である。遠くからでも一目で分かるムスリム帽に白いガラベイヤというういでたちで、まるで街の顔役であるかのように眼光鋭く大久保通りを悠然と歩く姿は尊厳に満ちていて、街の実力者たちも一目置く存在だ。営業時間中であってもナマーズ（お祈り）は欠かさず、額には礼拝ダコと通称される、祈りの際に額を床に押し付けた時に出来るタコが敬虔なムスリムであることを物語る。しかし当の本人はアクこそ強いが気取ったところのない至って正直な人柄で、こうしたところが従業員をはじめ多くの仲間やお客を魅了する所なのだろう。この、新大久保イスラム横丁の創始者であり歴史の生き証人ともいうべきナセル社

ナスコのナセル社長

イスラム横丁のど真ん中で営業するグリーンナスコ

長にお話を伺った。

――日本に来たのはいつ、どういう目的でしたか。

「いままでテレビとか新聞とかたくさん来たけど、どれもこれも皆んな同じ質問だな！　これもう何度喋ったか分からないよ（笑）。日本に来たのは１９８９年。それまではドバイとか中東に渡って地元のインド・ケーララ州の野菜や食料品の貿易をやっていた。インドの野菜を中東に売る仕事。それで、当時日本は景気が良かったから野菜が売れるかと思って来てみたら、日本はあふれるばかりに野菜がある。だからとりあえず何か別の商売をと思った」

――それで何の商売を始めたんですか。

「当時の日本はパキスタン人が多かったね。あんなにいたのに今どこに行っちゃったんだろう（笑）。その頃は今みたくハラールの食材店が全く無かったよ。上野に一軒だけあったかな。でも食材が手に入らないから野菜だけで何日も過ごしたりした。そこでたまたま北海道にいた知り合いを介して入手した牛をハラールのやり方で処理解体して販売したら商売になった。それで群馬の境町を拠点にしてこうした商売を始めるようになった。境町にしたのは一時期北関東の工場で働いていたから。今でもナスコで販売している牛肉は北海道から来る。家畜商をやっている日本人の知人が居て、牧場やオークションから仕入れてくるけど需要にいつも追いつかない。まだまだ牛は買いたいね。ただし、最近はウチの真似をする業者も増えてきて、群馬にもハラールの牛肉ビジネスを始める業者が増えたね。元々このビジネスを一番初めにやったのはウチだけど」

――その後、新大久保に進出したんですね。

「新大久保の今の場所に店舗を持ったのは2001年の時。群馬での牛肉のビジネスが成功して、何か他のビジネスを始めようと思った。当時の新大久保は汚くて危ない街だったよ。だから家賃も都内の他の場所に比べたらとても安かった。今の建物（現在のグリーンナスコの奥の方にある事務所が入った建物）の小さな一室を、当時そこで商売をやっていた中国人から借りてビジネスをスタートした。当時一番売れたのはプリペイド式の国際電話カードね。これがよく売れた。最初の内は中国人の会社で製造したものを卸で買って小売していたんだけど、その内自社でも国際電話カードを製造するようになった。当時はインターネットの電話もないし、外国人が安く国に電話するにはこれしかなかった。今だと考えられないけどね。当時は今のように食品などもそれ程置かずに国際電話カードばっかり販売していた。

その後、だんだん輸入のハラール食品なんかも店に置くようになった。客層も変わって来たね。最初の頃はアフリカ人や中国人もいたけど最近はベトナム人とネパール人が多い。それに合わせて扱う商品も考えているよ。だから売上は落ちない。数年前に元々の大家の日本人から建物ごと買い取って、今はこの建物は全部ウチの所有だよ。購入には数億かかったけど、まあそれだけ売上があるということ。

商売を始めた頃はまさかこんなに周りに同業者が増えるとは思わなかった（笑）。元々いい場所じゃなかったし。今ハラールショップだけで何軒あるのかわからない。まあ、価格の競争にはなるけど、わざわざ出向いて他の店の値段なんか調べたりはしないよ。商品の量や価格、質には自信があるからウチは大丈夫。

あと、新大久保でビジネスを始めた理由は、当時から既にここにマスジド（モスク）があったから。何かビジネスを始める時も近くにマスジドが無い場所ではやらない。マスジドがある、というのが出店の条件だよ。このマスジドは当時ミャンマー人のムスリムを中心に作られていたもので、設立した人たちはミャンマーに帰国したけど」

――ハラール認証についてどう思いますか。

「これだけインドネシア人とかマレーシア人が日本に来てるし、ハラール認証がひとつのビジネスになっているんだよな。全部が全部デタラメとは言わないけど、ハラールかどうかは本当に信頼できる正直な人がやらないとダメ。今たくさんあるハラール認証している会社の人たちが、酒飲んでいたり豚食べていたりと、誰が絶対やってないと言い切れる？　もちろん、本当に食べられるものかどうか日本に来たばっかりの人には助かると思うけどね。信頼という点なら、たとえばインドではベジタリアンマーク、ノンベジのマークというのがある。そういうのを扱うアンビカの方がハラール認証よりよっぽど信頼できるよ。アンビカのものならムスリムも大丈夫」

――今後の展開とかこれからやりたいビジネスなどはありますか。

「これから日本はどんどん人が少なくなるでしょ。例えば大型トラックの運転手とか、これからどんどん足りなくなる。そういう人たちを訓練して紹介する会社がいいと思う。あと看護師とか。もちろんそういう人材はケーララにいっぱいいる。レストランは都内にいっぱいあるからね。あと、今こうしたビジネスが出来るのもホントに信頼できる従業員のおかげだよ。彼らはほとんど僕の地元のケーララ州出身で家族みたいなものだ。何の商売するにしてもこういう従業員は絶対必要だよ」

ネパール食材店の棚図解

ネパール人はネパール食材店をもハラールフードショップと呼ぶ。そもそも「イスラム法で合法」を意味するハラールという語は、来日初期に食材に困っていたパキスタン人やバングラデシュ人らイスラム教徒によって経営された食材店が用いたことで広まったものだが、いつしか輸入スパイスや肉などを売る店の一般名称として在日ネパール人の間に浸透した。ククリラムなどが置かれた店をハラールフードショップと呼ぶのは違和感もあるが、本来の語義を離れて言葉が独自の進化を辿って定着している例として興味深い。当然、新大久保や蒲田などネパール集住地区に多く存在し、人口の増加に伴い店舗数も拡大傾向にある。ネパール食材店の有無が周辺在住ネパール人の多さを図るバロメーターにもなっている。

米 | RICE

ネパール系食材店で販売されている米は、オーストラリアやアメリカなどから輸入された極端に安いもので10キロ900円などといったものがある。基本的にネパールから米は輸入されていない。元来ネパールではそのまま茹でて食べられる米と、チウラやチャンなどに加工されて食される米という二種が存在する。

チウラ | CHIURA

一度蒸した米を木槌で押して平らにし乾燥させた保存米。ネパールだけでなく様々な名前で広くインドでも食べられる。そのままでも食べられるが、タカリー族などは鉄板で空炒り、または少量の油と共に炒める場合もある。バトマス（大豆）のサデコ（和え物）やムラ（大根）のアチャール、場合によってはククラ（鶏）のマス（肉）が乗っかるカジャ（軽食）プレートとしてネパール料理店ではなじみ深い。また、サマエバジなどネワール族の祭礼時にもよく食べられる。

ファーパル・コ・ピト | FAPAR KO PITHO

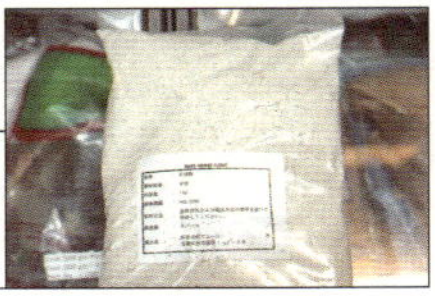

そば粉のことで、ネパールでは米の栽培に適さないような山岳地帯で特によく生産される。このファーパルを主原料としたローティーや蕎麦がき風のディロは都市部よりも比較的山岳地帯のタカリー族やマガル族、グルン族などによって好まれる田舎料理だが、近年都市部でも健康面や素朴な味わいが見直され、内外のネパール料理店でもメニュー化されている。そば粉以外に小麦粉やマカイ・コ・ピト（トウモロコシ粉）、コド・コ・ピト（シコクビエ粉）などが用いられることもある。ディロを食べる時は小さくちぎり、スープにつけてなるべく噛まないように飲み込み、のど越しを楽しむのが通なのだとか。

モモ・マサラ | MOMO MASALA

インスタントのモモ・マサラがネパール食品製造最大手の Chaudhary Group 社から出ている。皮にではなく餡を作るときに混ぜられるマサラである。モモはネパール人経営店なら大半の店のメニューになっている代表的な料理だが、比較的近年になってチベットから伝わったものであり、中には幼少期にはモモが一般的ではなかったと語るネパール人の年配者もいる。なお、モモの皮は飲食店ではマイダー（小麦粉）から手作りされる場合が一般的だが、家庭ではスーパーで市販されている餃子の皮を使う人もいる。

カシ | KHASI

去勢した山羊をカシと呼び、ネパール人はカシの肉をことのほか好む。体躯の大きな雄山羊はそれだけ可食部分が多く、去勢することで臭みも減り柔らかくなるという。「カシの肉」はネパール語でカシ・コ・マスと呼ばれ、ネパール国内で食肉に供されるのはこちらが一般的だが、例外的にダサインなどの祭礼での供犠には去勢していないボカと呼ばれる山羊が供せられる。もちろんボカも儀礼の後は料理され食べられるが、あくまで儀礼用という認識である。ネパール・ヒンドゥーの高位カーストであるバウン族の人たちは、宗教的に鶏肉はNGだが山羊肉ならばOKという人がいる。より標高の高いところで育った山羊の方が美味しいと考えられていて、その最たるものがヒマラヤ高地に生息する山羊チャングロで、その肉は香辛料で味付けする必要がなく岩塩をふりかけるだけで十分なのだという。ブタン（モツ炒め）もポピュラーなメニューであり、内臓を含めて余すところなく山羊をいただく。本来なら分厚い皮の部分や血までも好まれるが、国内ではなかなか入手困難である。

ティンムール | TIMBUR

ネパール山椒。乾燥させた実をパウダーにしたものとホールのものとが販売されているが、風味は当然ホールをその都度挽く方が豊かである。中の種は硬いため外皮のみを選り分ける必要があり、店の休憩時間にナングロ（ザル）の上で作業している姿はネパール的な光景である。ゴルベラ（トマト）などのアチャールの材料として使われる他、パラパラとスクティ（干し肉）にふりかけても美味しい。

ジンブー | JIMBU

ネパールの乾燥ハーブ。ネギ科の一種で、元来山岳地帯で薬草としても珍重されてきた香草。北インドのヒマラヤの山岳地帯でも広く使われている。テンパリングしてネパールの日常食であるダルに入れると香りが立ち、深みに奥行きが出る。他にアチャールにも使われる。

ワイワイヌードル | WAI WAI NOODLE

最大手の Chaudhary Group 社によって製造されているインスタントヌードル。スープ用の小袋も付属するが、日本のように茹でてスープ麺にする食べ方はせず、タマネギやダニヤ（香草）、刻んだトマト、レモンなどと和えてサデコにして食べる方が一般的。家庭でも食べられる他、カジャのメニューとしてもよく見かける。

グンドゥルック | GUNDRUK

青菜を木槌で叩き、一度湯通しして浸して絞ったものをバナナなどの大きな葉に包んで数日間乳酸発酵させたあと、開いて日干しにした乾燥野菜。アチャールの具材として使われる他、ジョル（スープ）の具材やサデコにしても美味しい。

マショーラ | MASAURA

マスコダル（ウラッド豆）をベースに、里芋や山芋などをマッシュしてペースト状にしたものを日干し乾燥させて作るソイミート。既製品も売られているがネパールの田舎の家庭では手作りするところもまだ多い。ジャガイモなどと一緒にタルカリの具材として食べられる。

ロキシー｜RAKSHI

ロキシーは主にコド（シコクビエ）や米、小麦、大麦などの穀物の他、バナナなどの果物で作る蒸留酒一般をさす。作り方は一旦これらの材料にマルチャと呼ばれる餅麹を加えてジャール（チャン）と呼ばれる醸造酒を作り、さらに専用の器具を用いて蒸留したもので、各家庭で作られるものもあり、またそれを飲ませるバッティ・パサルと呼ばれる居酒屋もネパールには至るところにある。蒸留方法によって純度はまちまちだがネワールの人たちがタカリー族の作る精白米を原料としたロキシーは美味しい。

ククリラム｜KHUKRI RUM

1959年に製造が開始されたネパールを象徴するラム酒。製造元はThe Nepal Distilleries Private Limitedで、ネパール国内でラム酒のトップシェアを誇り海外輸出もされている。ククリラムのククリとはネパール伝統の短刀のことで、セポイの乱においてネパール兵士がこのククリを手に勇猛に戦いイギリス東インド会社による鎮圧に寄与して以降、現在に至るまで英軍の傭兵としての重要な役割を担い、それと共にネパール人の地位を向上させた象徴でもあるため、ネパールではタバコやビールなど様々な商品のシンボルマークになっている。

モモ・コ・バーロ｜MOMO STEAMER

バーロとは器などを意味し、モモ・コ・バーロでモモ用の蒸し器を指す。鍋類は日本で同様のものが調達出来ても、ネパールで日常的なアルミの蒸し器と違い日本製の蒸し器だと水蒸気を通す穴が大きすぎてモモが蒸されすぎになるらしく、ネパール製が好まれる。女性たちが誰かの家に集まって皆でワイワイとモモ作りするのもネパール人にとっての楽しみのようで、日本での餃子パーティーと同様である。

圧力鍋 | PRESSURE COOKER

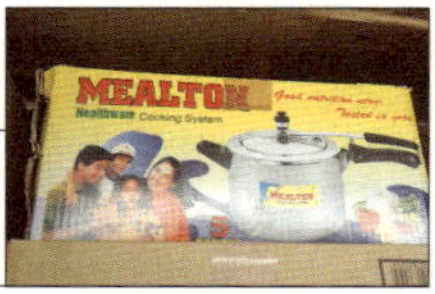

米やカレーの煮炊きに欠かせず、時間も早く調理が出来ることから重宝され、ネパールでも平野部だけでなく標高の高い山間部の台所の必需品となっている。しかし、モモ・コ・バーロ同様、ネパール人の必需品でありながら日本製があまり好まれない。インド料理やネパール料理のレシピには2ホイッスル や 3ホイッスルといった記述があるが、加熱時間の長さをホイッスルの回数で表すような使い方や楕円形の開口部に横からフタをする構造などに慣れ親しんだネパール人にとって、日本製の圧力鍋は使いづらいもののようで、中には怖いという人もいる。

チャレス・コ・タール | CHARES KO THAAL

真鍮製のネパール食器。カトマンズのアサンチョウクなどで卸売販売されている。インドやネパールでは昔から様々な真鍮を用いた工芸製品が作られていて、それらは財産であると同時に装飾でもあるようで、伝統的な家の台所にはきれいに磨かれたチャレス・コ・タールが壁に横並びされ、訪問者からよく見えるように飾られている。プラスチックなどの廉価の工業製品に盛り付けるより、こうした伝統的な真鍮皿に盛り付けた方が美味しく感じるというのは日本人にも共通するメンタリティーである。

神具・祭礼用品 | PUJA ITEMS

「神々の国」などと表現されるネパールの人たちは宗教心が篤く、日常生活も信仰と密接に結びついている。一年を通して様々なお祭りがあるが、特にダサイン、ティハールなどは日本在住ネパール人の間でも祝われている。その際に使われる燈明台やティカ(額に付ける色粉)、ジャマラ(大麦の苗)、マリーゴールドなどの花で作られた花輪がネパール食材店の店頭に並び、日本でも季節の訪れを感じさせる風物詩となっている。

バングラデシュ食材店の棚図解

バングラデシュの人々も世界中の至る街で食材店を経営している。日本ではパキスタン人同様、1980年代後半のバブル期あたりからその姿をよく見かけるようになった。都内の北区、板橋区、豊島区、埼玉県川口市などに特にバングラデシュ食材店は多い。また、ネパール人ほどの出店攻勢は見られないものの、新大久保を中心に都内でもバングラデシュ食材店は微増しているように感じられる。埼玉県三郷市に本拠を構える食材卸パドマの功績も大きい。同じ南アジアのカレーを食する文化圏とはいえ、バングラデシュ食材店にはそこでしかないような特徴を多く孕んでいて、買い物に訪れるのが楽しい。

チニグラ米 | CHINIGURA RICE

最近都内でも目にするようになってきたバングラデシュ料理店の目玉メニューがチニグラ米を使ったビリヤニ。米のサイズは小さく、通常の日本米よりも短粒である。バングラデシュ国内でも高級品種であり価格が高く、輸入されるチニグラ米の小売価格はキロあたり900円前後。バングラデシュ産の米で現在日本でも入手出来るのはこのチニグラ米のみである。また、バングラデシュでもバスマティは食べられるが、主に消費するのは富裕層だという。

バングラデシュで日常的に食べられる米はアマン米（アマンチャール）、ボロ米などで、いずれもパーボイルド加工（シッド）されてから出荷される。パーボイルドとは籾米の状態で水に浸けて吸水、蒸気で蒸したのち日干し乾燥させたもので、この加工によりビタミンやミネラルが白米部分に移行し精米加工も容易になり、米粒が硬くなり精米中の米の割れを防ぐ効果もある。バングラデシュで食べられる白いごはん（シャダバット）の大半はこのパーボイルド加工がされている。一方このパーボイルド加工されない米はアトプ米と呼ばれる。アトプ米は白いごはんとして食べずに、ビリヤニやプラオやキールなど米料理として食べられる他、バングラデシュ国内にも存在するヒンドゥー教徒がパエシなどにして儀礼などに用いる。たとえば秋の収穫を祝うノバンノ祭ではアンナプルナ女神への儀礼でパエシなどにしてプラシャードとして食べられるのもアトプ米が用いられる。

油 | OIL

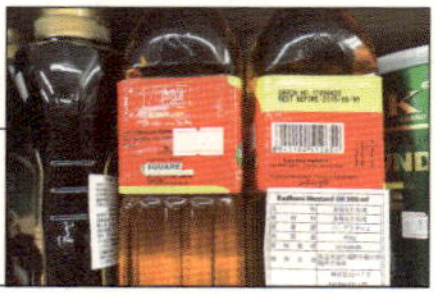

ベンガル料理といえばマスタード油がメインで使われていると思い込みがちだが、実際にはパーム油や大豆油が多用されている。確かにバングラデシュ国内で生産している植物油のうち、最も作付面積が多いのはマスタード油で2018年の統計では約67パーセントとなっている。ただしこうした国内生産の油だけでは需要が賄えず、必要量の大部分が輸入に頼っている。主にインドネシアやマレーシアからパーム油、アルゼンチンなど南米から大豆油が輸入されていて日々の料理に使われている。基本的にはこうした植物油で調理されることが多く、仕上げにマスタード油が使われるという。

パンチフォロン | PANCH FORONG

広くベンガル料理を特徴づけるミックススパイス。フェンネル、クミン、メティ、カロンジ、マスタードの5つのシードを配合したもの。パンチは5、フォロンはスパイスを意味する。一部の地域ではマスタードの代わりにラドゥニが入ることもある。砕くことなくそのままマスタード油やギーなどでテンパリングされ、基本的には野菜料理に使われる。魚料理にも使われる場合があるが、イリシィや肉料理には基本的に使われないとされる。バングラデシュではパンチフォロンを構成するひとつ、カロンジで苦味と独特の風味あふれるボッタが作られ食べられる。

魚 | FISH

バングラデシュ人の魚好きは有名で、日本だけでなく世界各国のバングラデシュ食材店の冷凍庫には販売用の魚がぎっしり詰まっている。魚をおかずにして白いごはんを食べるのがバングラデシュ人の最も理想とするところの食事である。メグナ川、ブラマプトラ川などと合流しベンガル湾に注ぎこむ大河ガンジス川の最下流域にある環境は、海水域、淡水域、あるいはそれらが混交する汽水域問わず良質な漁場を構成し、様々な種類の魚類が収穫され食されている。こうした中、バングラデシュ人に最も好まれ国民魚と言えるのがイリシィ（英名：ヒルサ）である。祝い事などのハレの場では欠かせない食材であり、マスタードの効いたグレービーをまとわせたショルシェ・イリシィやフライにして食べられる。小骨が多いため手食が最適である。漁獲量向上のため産卵時期に禁漁期間が設けられている。大きなもので体長50～60cmほどになるが、こうした立派なものはたいてい輸出用に回され、市場にはそれより小ぶりなものが多く出回るという。イリシィは汽水域に生息するが、淡水魚としてはコイ科の大型淡水魚であるルイがポピュラーである。他にパンガシュ（ナマズ目）、コイ（キノボリウオ）、シング（ナマズ目）、マグル（ナマズ目）、ショール（タイワンドジョウ属）といった淡水魚などがバングラデシュでは広く養殖されている。日本にはアイル（ナマズ目）、テンガラ（ナマズ目）、バイラ（スズキ目）、カトラ（コイ科）、コラル（ナマズ目）、チトル（ナイフフィッシュ）など多種の魚類が冷凍で輸入されている。また冷凍されたものの他に、シュトキと呼ばれる乾燥させたものも販売されている。

パキスタン食材店の棚図解

　別項で改めて紹介するが、アルファラ・トレーディングをはじめとするパキスタン人によるハラールフード店こそが、日本に於けるハラールビジネスの嚆矢である。80年代後半に急増したパキスタン人やバングラデシュ人といったムスリムの需要に対応するため、同じ境遇の在日パキスタン人の中から都内や北関東で食材ビジネスを始める人が現れた。特に初期の頃は畳敷きの安アパートの一室をそのまま販売スペースにした味わい深い店舗などもあって心和んだが、昨今ネパール人やバングラデシュ人経営の食材店の急増ぶりが目立つ一方、パキスタン食材店の店舗数は往時に比べて減少傾向にあるように感じられる。いまや希少な存在になりつつあるパキスタン食材店、今のうちに足を運んで買い物しておきたい。

米 | RICE

文化的にパキスタンの主食はローティーなどの粉食が一般的ではあるが米も食べられる。特に祝い事のご馳走として、そのままの白い状態ではなくビリヤニやプラオなどに調理されて食べられることが多い。その際に使われるのはバスマティで、現在日本に輸入されているパキスタン産バスマティは主にGUARD AGRIのものとBarkat Rice MillsのKAALAR super Basmatiがある。GUARD AGRIは1948年創業のGUARD社の農業部門で、バスマティ米はパンジャーブ地方で生産されている。Barkat Rice Millsは1913年創業の総合企業FSL Group系列の米作農業部門で、同様にパンジャーブ地方で生産されている。特にシアルコートはバスマティの名産地として有名。新米より古米が好まれる。また、一般的にローティーを食べているパキスタン人からすると米食はやや贅沢なイメージがあるという。日本国内で販売されているものの中にはバスマティのセーラ米(パーボイルド米)もある。

アーター | ATTA

パキスタンで最も広く食べられている主食がアーター(全粒粉)を使ったローティーである。それだけにアーターに対するこだわりも強い。店頭に並んでいるのは日穀製粉やMORITAなどの製粉された大袋入りのものが目立つが、アーターに強いこだわりを持つ、八潮市でカラチの空を経営するジャベイド社長は、皮付きの小麦粒を下妻市にある自社倉庫内の製粉機を用いて製粉している。製粉後に袋詰めされて輸入したものと皮付きの小麦粒を日本国内で挽いたものでは全く風味が異なるという。

冷凍ナーン | NAAN

日本国内のパキスタン食材店に流通している冷凍ナーンはマーディナ、パミールマート、シャージ、パークナーンハウスなどの製造元で作られている。これらの製造元の経営者は全てパキスタン人経営による。インドネパール料理店で定番の卵とベーキングパウダーを多用したフワフワとしたものではなく、弾力性のある仕上がり。1袋に5枚入って500円ほど。関東近郊にある製造元にはレストラン兼業のところが大半なので直接製造元に行き、出来たてを食べるとさらに美味しい。

ミックススパイス | MIX SPICE

ミックススパイスは以下の三つのブランドが特に有名。Shan(Shan Food Industries)は1981年創業。同社の製品は世界50か国以上に広く輸出され、食品メーカーとしてはパキスタン最大規模とされる。National(National Foods Limited)は1970年創業。ミックススパイス製造を中心とするパキスタンを代表する食品メーカー。Ahmed(Ahmed Food PVT LTD)は1952年創業。ミックススパイス以外に最も早くから缶詰製造を手掛けており、現在12のカレー製品が並ぶ。他にも多数の製品を製造。パキスタン料理店で作られるビリヤニや煮込みなどもこれらミックススパイスが使われることが少なくない。また、元来こうしたミックススパイスを使っていなかったような北西部や山岳地帯でも刺激の強いこれらミックススパイスが浸透している。

レトルト食品 | RETORT

現在、日本国内で流通している缶詰カレーはAhmed Foods社のものと老舗食品メーカーNaurus社の出すSundipブランドのものとがある。こうした缶詰カレーはパキスタン国内でも大小さまざまなメーカーが製造しており、日本のハラールショップ黎明期から長らくパキスタン食材店の棚に置いてある必需品だったが、最近の潮流としてレトルトパウチされた商品も登場するようになった。FRESHMATEというブランドで製造しているカレーの種類は約50種、また日本向けの商品外箱には日本語でも説明表記があるなど、日本市場を意識した造りになっている。

ルーアフザ | ROOH AFZA

戦前から続く食品メーカーRooh Afza社によって製造されている、バラなどの香り付けがされた赤いシロップ。基本的にはシャルバットとして水で薄めて飲む。最近ではミルクで割ってローズ・ミルクにして飲むのが主流になっている。ファルーダにも色づけ・香りづけのためによく添加されている。ラマダーン月の日没後の食事＝イフタールの時にもよく飲まれている。

ニハリ | NIHARI

ニハリはパキスタン料理店を代表するメニューで、フォトジェニックな骨付きのマンガ肉的なビジュアルがインパクト強い。太い骨からナッリと呼ばれる髄液を啜るのが真骨頂で、ショルバ（煮汁）と共にナーンでいただく。ちなみに、現地では骨髄はあらかじめ取り出して鍋に入れられ、赤身肉と共にいただく食べ方が一般的。長時間の煮込み作業が必要なことから、深夜あるいは明け方から煮込まれて早朝に提供するスタイルが多く、早朝のナマーズを済ませたあとの朝食メニューとして食べられる（夕方にも提供する店がある）。マトンの他にビーフを提供する店も多い。マトンの場合は赤身の部位の他、マガズ（脳）やザバーン（舌）などの部位を使ったニハリも好まれる。

サルソン・カ・サーグ | SARSON KA SAAG

サルソン・カ・サーグ（からし菜の葉。パンジャーブ語ではサルソン・ダ・サーグ）の煮込みはパキスタンというより、インドパキスタン双方にまたがるパンジャーブ地方を代表する料理。とはいえ冬から春先にかけての季節料理であり、年中食べられる訳ではない。そこで登場するのが缶詰めである。缶詰めには加熱してペースト化したサルソン・カ・サーグが入っていて、そのまま、または手を加えて食べられる。サルソン・カ・サーグは地元パンジャーブではトウモロコシ粉のローティー（マッキー・ディ・ローティー）と共に食べるのが定番である。

デーツ | DATE

ラマダーン月の断食期間中は日の出ている間一切の食事や飲み物を摂取することは出来ない。日没と同時にイフタールと呼ばれる、その日一日のサウム（断食）を終えたあとの食事がある。イフタールの美味しさと喜びは厳しい断食を経験したムスリムにしか分からない。こうしたイフタールに於いて最初に食べられるのがデーツである。デーツとはアラブ圏原産の乾燥させたナツメヤシの実で、栄養価に富み特にイフタールの際に最初に食べられる。コーランにも登場し、広くイスラム諸国ではおなじみのアイテム。こうしたことから大抵のハラール食材店にはデーツが置かれている。

冷凍肉 | MEAT

牛肉関連商品はパキスタン食材店の特徴的なアイテムである。というのも、インド人やネパール人店主はヒンドゥー教徒が多いことや、ヒンドゥー教徒の客層に配慮してマトンやチキンは扱っていてもビーフを置かない店が多いからである。現地パキスタンでは赤身肉がニハリの具材として食堂の定番朝食である他、骨髄がビリヤニの具として使われる豪快な料理もある。内臓もさまざまに料理される。ちなみに、日本の食材店で販売されている牛のオジリ(TRIPE)やレバーといった内臓系はオーストラリアからの外国産が多く出回っているが、骨付きの赤身は日本国内でハラールのやり方で屠殺処理された国産が流通している場合が多い。羊肉もまたオーストラリアからの外国産が大半。現在も国内で流通している輸入牛肉の大半はパキスタン人業者が輸入ルートを開拓したものである。なお、オーストラリアの食肉加工業者には屠殺用にイスラム教徒作業員を雇用してハラール対応をしているところが多いという。

パキスタンスイーツ | PAKISTAN SWEETS

食材店に置かれているインド系スイーツを製造卸している業者が複数存在する。パキスタン人経営の食材店に納入しているのはシャートレーディングやシャリマールといったパキスタン人業者が主だが、他にもインド人の業者も存在し価格競争などもあるという。グラーブ・ジャームンやジャレビー、バルフィー、ラッドゥーなど製造品目も多岐に渡り、多くの食材店の冷蔵庫などに鎮座している。シャートレーディング製造の菓子にはShah Sweetsと記載されたラベルが貼られている。日本国内のハラール食材店、インド系食材店で流通している菓子類は大まかにベンガル出身者の作るものとパンジャーブ出身者の作るものがあり多くの製造品目は共通しているが、ラッドゥーは比較的パンジャーブ人によって好まれる傾向があり大抵のパンジャーブ人経営のパキスタン食材店には置いてある。

日本ハラール・ビジネスの始祖
ラジャ氏とガリブ氏

ここ数年脚光を浴びるハラール・ビジネス。イスラム諸国からの訪日インバウンドや長期滞日する学生・労働者などの大きな商機を見込んで市場参入する企業は後を絶たず、業界団体による商談会や説明会などが連日のように開かれている。市場が活況を呈する一方で、複数の認証団体の乱立や乱発される認証の正当性・必然性を巡って議論もあり整備不足の感も否めない。このような状況の中、約30年前に日本でハラール・ビジネスを開始し現在も継続している伝説的なパキスタン人に、ラジャ・リアーズ・アクタール氏とガリブ・ホサイン氏の二人がいる。彼らはハラール・ビジネスを日本で初めて成り立たせた人物であり、その歴史は日本のハラール・ビジネスの歩みそのものである。一体どのようにして彼らは商売するに至り、どのように市場を開拓していったのか。日本ハラール・ビジネス黎明期から活動を続ける始祖ともいえるお二方にお話をお伺いした。

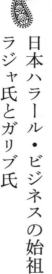

ラジャ・リアーズ・アクタール氏インタビュー（群馬県で食材店・飲食店ＲＡＪＡを経営）

——いつごろ来日されましたか。

「１９７９年に来日しました。その前はトルコのイスタンブールに居て、最初は観光のつもりで来たんですよ。そのあといろんな人とのつながりで、都内で働くことになったんです。手始めに喫茶店から始めて、そのあともそういう接客業ですね。最初はもちろん日本語も出来なかったですが、仕事をしながら覚えました。接客の仕事は４～５年ぐらいやっていました。その後いまの奥さんと知り合って結婚しました」

——このビジネスを始めたきっかけなど教えてください。

「80年代の初めの頃にはトラックの運転手をするようになりました。当時横浜にある輸入商社で、国内の大使館関係者向けの荷物を扱っているところがあったんです。そこにたまたま依頼されて荷受けに行った時、その荷物の中にハラールと書いてあるのを見たんです。配達先の大使館というのはパキスタンとか中東なんかのイスラム教の国ですね。そういう所は当初からハラールのマトンを輸入して食べていたんですよ。たまたま荷物を運んでいる時にそういうやり方があるのかと思いました」

——そこで自分でも商売にしてみようと？

「はい、当時は日本にもだんだんパキスタン人が増えてきたけど、皆ハラールの肉に困っていま

ラジャのリアーズ社長

したからね。皆さん豆とごはんばっかり食べていました。それでオーストラリアのその製造元のところに直接行って処理場も見させてもらいました。そこではちゃんとムスリムの人たちが屠殺のために雇われているんです。ハラールですからムスリムがお祈りして首をカットしなければなりませんからね。ムスリムの人たちはそのためだけに雇われていて、あとの工程はほとんど地元のオーストラリア人がやっていました」

――当時ハラールの肉に困っていた人たちは喜んだでしょうね。

「はい。大きな枝肉の状態で冷凍で来て、それを当時川崎の新丸子に事務所と作業場を置いていたのでそこで奥さんと二人でパーツごとにカットして袋詰めしていました。これが大変でね。奥さんはたいそう嫌がりました。

そこで現在も営業しているアルファラとAAGという二つのパキスタン人業者仲間に声をかけて共同で作業するようになりました。パッケージも我々の頭文字をとって付けたりしました」

——それが国内で一般流通したハラール・マトンの最初ですね。

「はい、他に誰もやっていませんでしたからね。マトンの他にチキンもブラジルから輸入するようになりました。さすがに遠いのでブラジルまでは視察に行ってないですが。トラックを持っていたのでそれに食材を積んでパキスタン人がたくさんいるような所に行商なども行きましたよ。富山も最初はそのようにして行くようになりました。それで割と需要があったので、お店を構えることにしたのです。それがRAJAで、当時はまだ富山にはそういうお店は無かったと思います。当初は食材店でしたが、パキスタン人のお客さんの要望もあって食事も出すようになったんです。もちろん他にも全国で店をやっていたのでずっと富山の店にいるということはなく、店長が店を見ていました」

——最近のハラール・ビジネス業界の盛り上がりはどう見ていますか。

「いいことだと思いますよ。いろんなものが食べることが出来るじゃないですか。昔は本当に食べることが大変で厳しい時代でしたから。それに比べたら選択肢が増えるのはムスリムにとっていいことですよ。いまのようなハラール・ビジネスが盛んになったからといって特にウチの方の商売が大きく変わるということはないですね。昔は富山の他にも仙台や福島、北関東など全国いろんなところに飲食出店していました。年齢のこともあって一時期に比べたらかなり事業を縮小したけど、お金はあの世には持っていけないし、パキスタン人のお客さんに頼まれて週に一度店は開く程度。まあ、のんびりやっていきます」

ガリブ・ホサイン氏（アルファラトレーディング有限会社社長）

――このビジネスを始めたきっかけなど教えてください。

「元々は留学生として1986年に来日しました。他の多くのパキスタン人同様、来日後の食事には困りましたね。ご存知のように我々はハラールの肉しか食べることが出来ませんから、今でもその回数を覚えていますが来日してから1年半ぐらいの間に肉を口にできたのは鶏が2回、マトンが2回の計4回のみでした。もちろん野菜などにハラールという概念は当てはまりませんから、ほとんどベジタリアンのような食生活ですね。しかし肉はパキスタン人をはじめとするムスリムにとってとても重要な食材ですから、他にもこうした面で困っている多くの同胞を見てこうした商売に需要があるのではないかと思い、起業しました。最初に扱ったのは鶏肉です。一番同胞たちが苦労していたものだったので。ハラールのやり方に則った処理をした鶏を店舗で販売したり、今ほどモスクが都内各所になかった当時、広尾のパキスタン大使館内に礼拝出来るスペースがあって、そこに車で届けに行ったりしたこともあります。その頃から池袋に店舗を持っていましたが、最初の頃はもっと小さく、今とは違う場所で、卸ではなく小売りが中心でした」

アルファラ・トレーディングのガリブ社長

――商売を始めた頃は何をどういったところから仕入れていたのでしょうか。

「徐々に日本国内で調達出来る鶏肉以外の食材も扱うようになりました。もちろん基本的には在日のパキスタン人がお客のビジネスですから、商品も彼らの食生活に必要なものになります。パキスタン人の食に欠かせない豆類やスパイスなどは当初知人などを介して香港の業者から仕入れたりもしていました。香港にもパキスタン人のコミュニティが古くからあり、そうした品々が日本より充実していたのです。マトンは現在もそうですがオーストラリアですね。鶏も商売の規模が拡大するにつれて国内調達ではなくブラジル産のものを輸入するようになりました。事業開始当初は輸入規模も小さく、送るのに郵便小包なども使っていました」

――ハラール食材がない当時、パキスタン人はどのような食生活を送っていたのでしょうか。

「基本的に当時来日するパキスタン人は圧倒的に男性が多く、彼らのほとんどは故郷にいたときは台所作業を経験したことがありません。自らが料理をするなどは日本に来て初めて、という人たちがほとんどだと思います。インターネットもない時代ですから、国際電話で故郷にいるお母さんに作り方を聞くわけです。今ほどレストランもない時代でしたので、多くのパキスタン人は食事に苦労したと思います」

――支店の拡大などは考えなかったですか。

「もちろん北関東や富山など日本各所にはパキスタン人が多く住んでいる地域があるのは知っていました。ですが、既にウチは卸の取引が中心となっていましたから、取引先が新店舗を作るならまだしも、そうした場所には決して支店など作ろうという考えはありませんでした。支店ではありませんが、食材店のある池袋にレストランを1990年10月にオープンさせました。それが今でも続いているパキスタンレストランのマルハバです。オープンの動機はやはり食材の時と同じで、食事に苦労している同胞のために力になりたいというのがメインですね。場所としても、地方にあるより都心にある方が来やすいですし。今でも直系の小売店の店舗は池袋にあります。特に東武東上線沿線や埼京線沿線にパキスタン人やバングラデシュ人が多かったのも池袋にした理由の一つです」

――昨今活況を呈しているハラール・ビジネス業界についてどう見ていますか。

「いいことだと思います。確かに、認証の問題やそこに利権が絡むことは知っていますが、少なくとも我々ムスリムの食事のチョイスが広がるのは歓迎すべきことだと思います。ただ、そういう最近のビジネスのブームに乗るようなことはウチはありません。昔から続けてきたことを淡々と続けていくだけですね。もちろんパキスタン国内の食事情の変化に伴ってレトルト食品のバリエーションも増えたので、そうした商品は増えていくかもしれません」

第2章
東京に於ける
インド亜大陸

東京南インド料理三昧

店の増加に伴い提供される料理ジャンルは細分化されていく。昔は「インド料理店」だけしかなかった呼称が、やがて「北インド料理店」と「南インド料理店」に分かれたように、更なる増加が経営者の出身地を反映した地域性豊かなインド料理店の出現をうながす。南インド料理店という呼称が既にある程度定着したかに思える東京では、ここ数年更なる細分化が進みつつある。南インドの各地方を代表するようなメニューをそろえた個性的な店の登場は客としては喜ばしい限りである。ここではそんな各地方を代表するお店を地方別に食べ歩いて行きたい。

アーンドラ料理

アーンドラ料理の特性は酸味と辛味を重視する点。婚礼など祝事があると食べられるプリホラはタマリンドで酸味づけられた米料理。インドの他地域ではあまり一般的でない、独特の酸味を醸し出すゴングラの葉を使った料理もまた代表的なアーンドラ料理である。チャールー、プルスといった日常的な汁料理にも酸味が好まれる。短粒のソナマスリ米の産地としても知られ、州内で広く消費されるほか他州でも流通販売している。オリッサに近い北アーンドラは比較的料理に甘味とマイルドさが求められ、南に下るに従い唐辛子の産地でもあるので辛味を多用した料理が増えてくる。特に南部ラヤラシーマ地方の料理はアーンドラの中でも辛くて有名。

２０１８年８月で操業9年を迎える御徒町のアーンドラ・キッチン。オーナーのサラディさんはアーンドラで最も古いと言われる老舗レストラン Subbayya Hotel を擁するアーンドラ料理の中心地カキナダ出身。食にこだわる生粋のアーンドラ人である。ここの銀座支店がアーンドラ・ダイニングで、マスコミ登場頻度の高い有名シェフ・ラマナイヤさんを中心とした熟練したコックたちの洗練された料理は競争激しい銀座のインド料理店界隈の中でも随一の人気ぶりである。アーンドラ・キッチンでは、周年記念とアーンドラを代表する祭礼日ウガディの時に特別メニューが出される。普段からアーンドラの料理にはこだわるサラディさんだが、こうした特別メニューの日はさらに強いこだわりを見せる。２０１８年の周年記念ミールスには、国内では入手困難なゴングラの葉を使った貴重な料理も出された。

ケーララ料理

ケーララ料理は他のインド各州料理の中でもとりわけ重層的で多様。古来より海路を通じて西側諸国との交流が盛んで、アラビアのムスリム料理の影響を受けたマラバール地方では豊富に生

アーンドラ・ダイニングのミールス

ケララバワンのスペシャルミールス

い茂る海産物を使ったカレーや短粒米を使ったビリヤニが有名。中部では豊富なヤシから作られるカル（トディ酒）と共に食べられるドライのビーフや蒸したカッパ（キャッサバ芋）が美味しい。南ケーララでは祭礼時のご馳走であるサッディヤ（ご馳走を意味するマラーヤラム語）が有名。鮮やかなバナナの葉に盛られた各料理は置く位置や食べる順番などにも決まり事のある由緒正しい食事スタイルである。普段のミールスにも特徴的な粒の大きく赤いマッタ米が使われ、おかず類には産地として知られるココナッツやコショウが多用される。

都内でも南インド料理の老舗となった練馬のケララバワン。こちらもまた毎年8月には周年記念のサッディヤミールスが振る舞われる。驚くことにこれが無料。通常メニューからは南北の様々なインド料理がチョイス出来る他、ウイークリー・スペシャルと題してケーララを中心に南インドの様々な地域性あふれるスペシャル料理を出している。店主のサッシーさんの奥様は漫画家の流水りんこさんで、サッシーさんとの楽しげな日常は『インド夫婦茶碗』などで読むことが出来る。

また、浅草のサウスパークも、年に複数回開催されるサッディヤその他のイベントが楽しみなケーララ料理店。サッディヤの提供日は複数いるオーナーさんたち家族もそれぞれ楽しみにされているようで、特にオーナム祭のサッディヤの時などは、奥さんたち女性陣はサリー、男性陣は白いドーティといったケーララの伝統的ないでたちで接客してくれるのも魅力である。また品数や調理法にも細かい約束事があるオーナム・サッディヤの場合、コックだけでは技術的に追いつかず奥さんたちが厨房に入って調理する姿が垣間見える。そうした料理を奥さんたちが手ずから生バナナの葉の上にサーブしてくれるのもいい。

タミル料理

一般的に、タミルにおける食事を特徴づけるのはやはり青いバナナの葉を皿として使う文化である。地元の人の家に招かれて食事時になるとおもむろに庭先のバナナの木から数枚葉っぱを切ってきて、白いご飯とサンバルが盛られるのは何ともいえない情緒を感じさせる。もちろん南インドの他州でもバナナの葉は皿としてよく使われるが、タミルでは定番のミールス以外にもビリヤニや軽食などにも用いられる。チェンナイには菜食レストランが多く、昼のミールスで出されるのもベジが主流である。主食として食べられるのは主に短粒のポンニ米で、それにサンバルやラッサム、ポリヤル、クートゥ、コランブ、アッパラム、パヤサム、ウールガイ、タイル（ヨーグルト）などが付く。一方、チェティナードゥ地方に行くと料理がガラっと変わり、ノンベジが特徴的となる。使われる食材も蟹、ハト、ウズラなど州内はおろか他のインド各地でも見られない食材が多用される。古くから海外交易していたこの地方の豪商たちが持ち込んださまざまな香辛料の影響もあり、強めの味が特徴。また、マドゥライの北に位置するディンデッガルではジーラカサンバライスを用いて雑炊のように作る柔らかい食感のビリヤニが名物。ちなみにミールスは主に昼に食べるものであって昼以外の時間帯である朝や夜には専らドーサやイドゥリなどのティファン（軽食）が食される。

２００８年に中目黒に登場したシリバラジだが、前史として尼崎など関西や四国の高松でも運営していたこともある。２０１５年には都心のど真ん中という好立地にバーカウンターも併設した水道橋店もオープン。内装の豪華さは他の南インド料理店の追随を許さない。イベントにも積極的に参加していて、ナマステ・インディアなどの日本人主催のものからポンガルなどインド人主催のものまで幅広く出店。大量のナンドゥ（蟹）を使ったチェティナードゥ料理を用意したり、そのイベントのためにわざわざ葉皿や食材をインドから取り寄せたりと、採算を度外視したような魅力的な料理を用意するそのアグレッシブな姿勢は常に異彩を放つ。もちろん店でいただくベーシックなサンバルやラッサムも驚くほど美味しい。ミールスのアヴィヤルやポリヤルもコクが深くてシャープな口触り。

カルナータカ料理・マンガロール料理・ゴア料理

カルナータカ料理を表看板に掲げている店は、インド国内外見渡しても数少ない。南インド料理というとどうしてもタミルやケーララがメジャーであり、カルナータカはどちらかというと地味な印象なのだろうか。とは言え地元ではスタミナ食ラギ・ムッデは絶大な人気があるし、ノンベジのフライなどともよく合う。カルナータカ・ミールスに付き物の赤くて少し甘いサンバルも深みを感じさせる味わいで印象深い。

必ずしもカルナータカ料理だけを出している訳でなく、南インドを中心にオールラウンドなインド料理を提供するナンディニであるが、虎ノ門に支店を出して以降の人気店ぶりには目を見張るものがある。中でも時々スペシャル企画で提供される得意のカルナータカ料理は他店の追随を許さない充実ぶり。日々内容の変わるミールスメニューも魅力だが、ビシベレ・バートやヴァンギバート（ナスの入った炊き込みご飯）、カルナータカ流のジャガリの甘みとチリの辛味を加えたサンバル、シコクビエの粉末などを団子状にした名物料理ラギ・ムッデ、同様にシコクビエの粉末から作るラギ・イドゥリ、デザートのホーバットゥなどのカルナータカ料理を食べることの出来る国内的には数少ない名店である。

マンガロール料理は、日本では銀座に現れたバンゲラズ・キッチンによって急速にその名を知られるようになった地域料理。マンガロールは従来トゥルナドゥ文化の中心地として有名なアラビア海に面した街で、混交する様々な周辺文化の影響からインド有数の食都である。トゥルナドゥ文化の中心地だけあって様々な海産物からなるトゥル料理、マサラドサィ発祥の地といわれる聖地ウディピの流れを汲む純菜食料理、ゴアとはまた違うマンガローリアン・カトリックと呼ばれる独自のキリスト教文化に基づくキリスト教料理、もちろん少なからぬ人口のムスリムの料理が混然一体となった集合体がマンガロール料理である。

オーナーのバンゲラさんが2018年1月にオープンさせたマンガロール料理店のバンゲラズ・キッチンは、オープンと同時に激しくメディアその他から注目され、たちまちのうちに人気

シリバラジのランチミールス

バンゲラズ・キッチンの竹の容器入りビリヤニ

店になってしまった。インド国内的にはマンガロール料理は特にムンバイやバンガロールといった大都市を中心に広く知られていて「マンガローリアン」を謳った店も少なくないが、日本国内的には初でありその意義は大きく深い。しかも実は現地の料理店ではベジ料理を出す店とノンベジを出す店とでメニュー構成に開きがあるのが、東京という遠隔の地であるからこその俯瞰した視線で豊富なマンガロール料理からメニューセレクトされているのが特徴。自身も愛飲家であるバンゲラさんがチョイスしたワイン及び酒に合う料理の充実ぶりも他店にはない特徴。

ゴア料理はインド内外にその名を轟かすインドでもメジャーな地域料理。長らくポルトガルの植民地だった影響で料理をはじめ文化面でも濃厚にポルトガル色が感じられる。ポーク・ビンダルーやチキン・シャクティなどは特に有名。他にゴア・ソーセージやソルポテル、セモリナ粉をまぶしたマナガツオのフライなどが名物。カシューナッツの産地でもあることからそれを原料にしたフェニー酒やワインが街中至る所で販売されていて、飲酒にも寛容な土地柄。濃厚な甘みのインドスイーツとは趣を異にするベビンカというお菓子もネットリしていて美味い。

原宿にあるビバ・ゴア・インディアン・カフェは、オーナーがゴア出身のクリスチャンというだけでなく、さらに重要なことはメインのシェフもまたゴア出身のクリスチャンである点で、国内的にこのアドバンテージはかなり希少。本格的なゴア料理を食べることが出来るのは国内でこのお店ぐらいのものではないだろうか。こちらのオーナーも本業は企業勤めの方。ゴア周辺のコンカン地方スタイルを感じさせるタワ・フィッシュ・フライや特徴的な酸味の効いたビンダルー、スパイシーなシャクティといったゴア名物はもちろん、デザートにベビンカがあったりするこだわりのラインナップ。ここ数年で品種も多様化しクオリティも向上したインドワインもこうした料理には合わせたい。

専業店と副業店

ここ数年、首都圏での南インド料理店の増加が著しい。古くは創業1957年のアジャンタや、人気店ダバ・インディアの登場などが日本の南インド料理店史上のエポックだったが、最近目立つのは飲食以外の本業を持つニュータイプの南インド人経営者の台頭だ。主にIT系の技術者として2000年前後から来日している彼らの中には既に永住権を取得した人が多く、開業にあたっては自らの名義、または妻名義にして店舗を取得し、自国でも経験していなかった飲食店経営を日本で始める。仲間と共同経営する人たちも少なくない。こうした動きは北インド料理店にはあまり見られず南インド料理店に特徴的である。それは来日IT系の技術者に南インド出身者が多いことに加えて、外食コンテンツとしてのインド料理が既に北の場合は主にネパール人による過当競争で市場が限定されているのに対し、南は未開拓であるだけに商機があると考えられたからではないだろうか。

飲食専業オーナー店に比べて特徴的なのが、この手の副業オーナー店による店舗運営の柔軟性である。必ずしも店の売上だけが主収入源ではないためか、良くも悪くも経営に余裕があり、その分理想や自己実現性の追求が可能である。オーナーの友人知人が集まる地方色の強い歓談の場として使われることも多く、自らの出身地団体が主催する祭りやイベントに採算度外視してケータリングする店すらある。インド人、日本人問わず顧客からの特注リクエストに応じてくれるのもこうした店の特徴である。

同じようなメニューをいくつもの店が提供した場合、結局は価格競争となる。特にこの傾向が顕著なのがインドネパール料理店で、低価格競争の不毛なスパイラルに陥っているかに見える。簡単な打開策は見つからないが、未開拓の地方料理といった専門性を高めていく姿勢に打開する可能性のひとつが見えるように思われる。客の側としては選択肢の増加という好ましい状況を楽しみつつ、その特色あふれる各地方料理を丹念に味わっていきたいものである。

東京ネパール人街食探訪記

直近の2018年度の東京都の統計によると、都内在住のネパール人人口は26157人で中国人・韓国人・ベトナム人・フィリピン人に次ぐ第5番目に多い規模だという。特に新宿区、杉並区、中野区、豊島区が多く、これらの区では中国人・韓国人に次ぐ第3番目の人口規模となっている。地理的・歴史的にも関連深い中国・韓国の人口が多いのはまだしも、ベトナム人でもアメリカ人でもない、ヒマラヤの小国からやってきた人たちがそれらに次ぐ人口規模だという事実には驚きを禁じ得ない。更に注目なのはその急増ぶりで、2007年5月の新宿区における外国人登録者数はネパールが327人で区内在住外国人の中で9番目、それが2018年5月には2448人で堂々3番目となっている。在日ネパール人たちはここ10年ほどで急増した人々であることがデータから分かるのである。

人が集まり住むようになれば彼らを相手にする食料品や日用品を売る店が出来、さらに飲食店や送金屋なども出来ていく。こうしてネパール人街が形成されていくのだが、都内でも仕事や来

新大久保の東京ロディクラブ店内

日年などで微妙に棲み分けがなされ、街ごとに個性が反映されているのは興味深い。ここではそうしたネパール人濃度の濃い街を、それぞれの街を代表する飲食店を紹介しつつウォッチしてみたい。

新宿区の新大久保界隈は30軒以上のネパール料理店が立ち並び、一部ではリトル・カトマンズとも囁かれる日本で最もネパール人密度の濃厚なエリア。JR新大久保駅を降りると付近一帯を歩くネパール人によって交わされるネパール語が一気に耳に入ってきて強烈なネパール感を感じさせる。

大久保通り沿い中心に多くのネパール料理店が目立つが、周囲には同時に日本語学校や専門学校が多く（新宿区内には日本語学校が50校以上あるといわれる）、こうした学校に通う留学生が集住していることで主としてこのネパール人街は形成されている。北新宿や百人町など大久保通りから少し奥まった界隈には、狭くて安い古アパートが多く、ネパール人学生の格好の居住場所となっている。郵便受けなどを見ると一棟丸々ネパール人が入居しているアパートがあることも分かる。また、中には自分の名義で借りた一軒家や古いマンションに複数のベッドを入れて部屋貸し業をしているネパール人もいる。来日後、衣食住の確保が第一に必要だが衣食は何とかなっても住の場合外国人が部屋を借りるのはまだまだハードルが高い。需要のあるところに商売は成り立つ訳で、この手の部屋貸し業者もいればネパール人の不動産仲介業者も存在する。

時々このような狭い部屋に招かれて、小さなガスコンロひとつだけの台所ながら心のこもった美味しいダルバートをご馳走になることもある。彼らの出身地の中には薪や井戸水で日常的に調理するような環境もあり、こうした台所でもまだ使い勝手が良いのだろうか。とはいえ勉強とアルバイトに忙しい留学生にとって日々の食事作りは負担である。こうしたニーズから、後述の500円ダルバートも登場するようになる。

新大久保のようにネパール系飲食店が集中している街は、世界的に見ると日本以上にネパール系出稼ぎ労働者の多いマレーシアの首都クアラルンプールにも存在する。ただし、クアラルンプールでは純粋にネパール系出稼ぎ労働者だけが客層であって、地元のマレーシア人がこうした店を訪れることはほぼ皆無である。大半の店のメニューはネパール語（ナーガリー文字）表記であって、アルファベット表記すら少なく、ましてやマレー語など全くない。一方日本の場合、客の大半はネパール人を想定しつつも、大半の店のメニューには日本語で但し書きがなされる。例えばモモとカタカナ表記されたメニューの下に日本語で（ネパールのギョウザ）などと書かれる場合が多い。たまに誤字脱字が入っているのも味わい深い。これらはもちろん日本人客に向けたものであるが、こうした日本語表記を入れることがある種の店の格式を高める役割を果たしていることも想像出来る。また、経営者やスタッフに居酒屋勤務経験者が多いことからか、日本人客にだけでなくネパール人客に対しても「ぃらっしゃいませ〜！」「お待たせいたしました〜！」など居酒屋風接客を踏襲するスタイルがとられることが多い。店名の入ったお揃いのTシャツやポロシャツを着用するのもそうした意識からだと思われる。こうした居酒屋風接客はネパール人店のひとつの特徴で、インド人やパキスタン人オーナー店では見られないものである。中には居酒屋時代に習熟した居酒屋メニューをそのまま出す店もある。大久保界隈で特にこの傾向が強いのはネパールレストランさくらで、定番居酒屋メニューがダルバートと共に食べられる希少な店である。

こうした新大久保のネパール飲食店事情について、いち早くこの地に事務所を構え、在日ネパール人同胞向けに『ネパール・サマーチャール』というネパール語新聞を長年発行し続けている大久保ネパールコミュニティのキーマンであるティラク・マッラ氏にお話をお伺いした。ちなみにティラク氏自身1997年の来日後、ネパール語新聞を発行する傍ら2003年から4年間

新大久保のソルマリの入口

新大久保のアーガンのモモ

墨田区でポカラというインドレストランを経営し、その後2009年に現在の大久保ネパール料理店の嚆矢となるMOMOを立ち上げた4人の共同経営者のうちのひとりである。

――どのような経緯で新大久保に事務所を構えたのですか?

「当時墨田区でやっていたポカラを諸事情で空けなければいけなくなったので、新たな場所を探す必要が生じたのですが、日本語学校やスパイスやハラール食材店、少し奥まった北新宿あたりには安いアパートなども多く比較的ネパール人が生活しやすい環境が整っていたことなどから新大久保に目を付けました」

――新大久保がネパール人タウン化したのはなぜでしょう?

「MOMOが出来る前からKBキッチンとかミランだとかの日本人相手のネパール人オーナー店はあったのですが、純粋にネパール人をメインターゲットにしたネパール料理店はMOMOが初めてだと思います。タンドール料理も置いてなかったですから」

――500円のダルバートについてどう思いますか?

「もともとはムスタングという店が始めたんですよね。それがどんどん広まったんだと思います。お店も商売だから個性は出さなきゃいけませんよね。500円という単価はかなり安いとは思いますが、結局500円のダルバートだけでなくて特に夜なんかはネパールの若者は割と酒飲みが多いですから、安いダルバートがある種のアンテナになってこうした客の取り込みにも役立っているとは思います。ちなみにこのムスタングのオーナーさんはすぐ近くにティンパネという、こちらも500円のダルバートも出すお店をやっています」

——これだけ新大久保にネパール料理屋さんが増えると過当競争になりませんか？

「もちろん似たような立地で似たようなメニューを出していたら競争になりますからそれぞれ特徴を出そうと頑張っていますね。たとえばアーガンなんかは調度品をそろえた内装で雰囲気がいいし、大久保通りに面した高層階なので景色もいい。味も洗練されたプロの味といった感じです。ナングロ・ガルは伝統的なネワールの味で勝負していて多くのネパール人にとっては郷愁を感じさせる味だと思います。東京ロディクラブは床面積の広さでいろんなパーティーや集まりが行えるし、何より最初にステージでのドホリ（ネパール式の歌舞謡曲）を始めたお店というアドバンテージがあります。ソルマリも飲食スペースの他にイベントスペースがあって結婚パーティーなど行っています。もちろんネワールスタイルの料理も美味しいです。最近増えてきたのはきちんと防音設備を整えたDJブースもあって、朝まで音楽をガンガン鳴らす店。そういう店には若者が多いです。こうした主だった店以外にも、新大久保で新規参入しようとするオーナーならばこうした過当競争は十分理解しているはずですから、単に料理をマネするとか、価格だけ安くするとかだけで勝負する人は少ないと思います。そういう所でお客さんも選択の幅が出て、魅力になっているのではと思います」

——ネパール人客によるトラブルとかはないですか？

「以前墨田区でお店をやっていた時は、たまに来るネパール人客は酒を飲んで長居する、しゃべる声が大きい、しまいには喧嘩する、という人たちが多く、一昔前の特にインド料理を出すような店のオーナーさんはネパール人のお客さんを嫌がっていた人が多いです。そういうお店のターゲットはあくまでも日本人ですね。そうはいってもこれだけネパール人も増えてきて、皆さん日本のルールも分かって来ていますから最近はそういうトラブルは聞きません。少なくとも新大久保ではネパール人のお客さん無しではもう経営出来ませんからね」

ティラク氏は語らなかったが、例えばMOMO創業時の厨房スタッフが独立し、現在は支店を全国展開しているソルマリ、タカリー族女性の調理スタッフの在籍により周囲のネパール人客からの支持も高かったベット・ガット、ネワールの伝統にこだわった料理はもちろん調度品や食器、重厚な内装なども居心地の良いネワー・ダイニング、界隈の草分けの店のひとつであり、いまだに食材コーナーと奥の飲食スペースを仕切っているカーテンを開けるのに若干の躊躇を感じさせるソルティ・カジャガルなどいずれ劣らぬ個性派ぞろいが界隈を賑わせている。そして一部の店を除きその大半で昼夜問わず500円のダルバートが食べられるのは、やはり主要客層がネパール人留学生だからなのだろう。価格は安いが重量感のある真鍮製のタリ（大皿）・カチョラ（小皿）でサーブされ、マス（肉のオカズ）以外は基本的にダルもバートもおかわり自由というのも母国のスタイルを踏襲している。

さて、新大久保界隈にはネパール系飲食店だけでなくネパール系食材店も充実している。前述の通り周辺はネパール人居住エリアでもあり、単身男性だけでなく家族連れも滞在している。単身の留学生は比較的外食が多いというが、配偶者を呼び寄せている場合、家庭で料理することも多い。そうした人たちの自炊・調理に欠かせないネパール食材はこうした店で調達される。食材だけでなく調理器具や中には通過儀礼に欠かせない銅製の法具なども揃えている店があって、まさに現地さながらである。ネパール系食材店としては最も早くから開業しているバラヒフーズアンドスパイスセンターは前述のMOMOと同じ経営者の店。立地も品揃えも良いためマスコミの取材を受けることも多い。マユールなどネパール食材商社を通じた商品が多いが、オリジナル商品として階上にあるMOMOで漬けこんだムラ・コ・アチャールがボトル入りで販売しているのも目をひく。店内の半分を食堂にしているソルティ・カジャガルも息の長い経営を続ける。以前はミャンマー系の食材店が入っていたが（現在は高田馬場に移転）、すっかりネパール食材店として老舗の雰囲気を醸し出し、出入りするネパール人客も多い。ソルティ・カジャガル同様、レストランと食材コーナーを併設という形態を取る店も界隈では少なくない。ベット・ガットも店内にカンティプル・マートという食材売り場を持っているし、ティンパネのすぐ脇にもムスタング・アジアン・フードストアが同じ経営者によって運営されている。

もちろん飲食店単騎で運営している店も多いが、たとえば最近新大久保周辺に目立つように

新大久保の食材店バラヒフーズアンドスパイスセンター

なってきたバングラデシュ系の店が比較的食材のみで営業しているのに対し（それもバングラデシュ食材だけでなくネパール食材も置いているところが多い）、ネパール系の店は食材と飲食を両方商う二刀流の店が多いことが分かって興味深い。また、こうした食材店はKyodai Remittance、City Express、Japan Money Express、Easy Linkなどのネパール系送金業者の送金窓口も兼ねていることが多い。レジでこうした送金を請け負う店が大半だが、中にはソルティ・カジャガルなどのように机ひとつ分のスペースを店内に貸して間貸し営業させているところも見られる。

ネパール人在住分布図の変化は早い。例えば2000年代初頭は比較的品川区の戸越や荏原、西小山・武蔵小山周辺、あるいは隣接する目黒区などで目立ったネパール人だが、現在では新大久保は別格として蒲田・大森もネパールタウンとしての存在感を増しつつある。在住人口の増加にともない新大久保に拠点を置いていたナングロ・ガルやソルマリがこぞって支店開設したのは特に蒲田がネパール人にとって重要な場所であることを物語っている（ただし2019年4月現在ナングロ・ガル蒲田店は閉店中）。

蒲田には大手仕出し弁当業者が製造工場を持っていて大量のネパール人を雇用している他、ビジネスホテルチェーンの客室清掃といった仕事に就いているネパール人も多い。働き手となっているのは家族滞在ビザで来日している女性が多い。彼らの配偶者は主として飲食店のコック、あるいは食肉関係の会社に就職しているネパール人などである。新大久保界隈に在住しているネパール人は単身の学生が多いのに対し、蒲田・大森界隈在住のネパール人は家族で滞在している人たちが比較的多い。家族で滞在しているということは奥さんが家で料理を作る場合が多いということである。

こうした状況ではあるが、新大久保でも見られた飲食兼食材店という形態で、駅近くの好立地ながら中国物産店や風俗店なども入居するややカオスなビルに店舗を構えるクシバザルは料理の味はもちろん広めのスペースを使った充実の食材コーナーと丁寧な接客で比較的多く集客している。内装はいかにもスナック居抜きだが、クシバザルに限らずスナックの店内造作や調度品をそのまま使って営業しているネパール料理店は少なくない。大森にあるアジアンレストラン&バー・サーランギーも同様である。ネパール人はバー・カウンターのついた薄暗く重厚感のある内装を好みがちであり、こうした点でスナック居抜き物件はネパール人の嗜好と一致する。カラオケ設備もあり防音工事済みなのも音楽好きのネパール人にとって好都合である。サーランギーも以前は小さなカラオケステージのついていたスナックを居抜きのまま使っていたが、のちに改装してステージを拡大し、夜毎大音量でドホリを見せる店となっている。

在住ネパール人が家族単位であることを反映してか蒲田・大森界隈は食材店も目立つ。蒲田駅東口を降りてすぐのアジアンバザールはこの地に店を構えて8年目。販売されている商品の中には関西にあるインド食材業者のビスワスと業務提携しているものが見られる。オーナーのアチャリヤさんは「蒲田はネパール人学生が少ないからダルバートの安い店は厳しいと思う。家族が多いから飲食より食材の方がお客はいるはず」と鋭く分析する。

他にも西蒲田の雑然とした雑居ビルの3階にネパーリ・バザールというネパール食材店が入っていたり、同じく西蒲田にある更に雑然とした雑居ビルにはソルマリ・ハラールフードというネパール人オーナーの食材店が入っていたりする。

現在では跡地がインドネパール料理店になったが、かつて大森西にはネパール食材と共に生鮮野菜も売るベジタブルフーズ&ストアーという店があり繁盛していた。在日ネパール人の勤務先としては食肉加工関連会社の他、青果業界も以前は多く、そうしたルートを使って仕入などをしていたのだろう。ちなみに蒲田にはIndo Bazaarという、ネパール人より古くから営業しているインド人経営の食材店もある。雑色や川崎駅周辺にあるUR団地には多くのインド系技術者が居

蒲田のクシバザルのダルバート

住しており、川崎に食材店が出来た今でも品揃えの豊富な食材を求めてここまで買いに来るインド人の姿がしばしば見られる。

新大久保のある新宿区同様、池袋を中心とする豊島区もまた昔から外国人居住者の多い区として有名である。日本語学校や専門学校も多く、在籍するネパール人留学生も多い。当然彼らの多くが近隣に居住し、アルバイト先も繁華街の飲食店であることが多い。こうした在住ネパール人人口を反映してか、池袋にある豊島公会堂は在日ネパール人コミュニティ（サマージ）のイベント会場として使われることが多い。夏場のティージや冬場の正月イベントの時期になると毎週末のようにネパールのイベントが開かれていて楽しい。ただし残念ながらこの手の施設は火気厳禁であり、料理ブースが出ることはほとんどない。

この界隈も元来インドネパール料理店が多かったが、ネパール人人口の増加の影響かここ数年でネパール色の強い店が増えつつある。最近特にネパール傾向の強いメニューを並べる老舗のサグーンや、洗練されたメニューで良質なダルバートを提供してきたこせり、またこせり近くにはネパール食材店トリベニがあり、在住ネパール人家族の姿が垣間見える。池袋には他にガムベシ・ドホリ&ダイニングバーというドホリをステージ上で見せる民謡酒場も存在していた(2019年4月現在閉店中)。中心部からやや離れるが、ネパーリー・バンチャガルというかつて福岡のナングロ・ガルに勤務していたコックが腕をふるうネパール料理店も出来、周囲のネパール人学生などが食べに来ている。

しかし何といっても豊島区のネパール料理といえば巣鴨のプルジャダイニングである。この日本ネパール料理界の巨星を素通りすることは出来ない。巣鴨もまた他の街同様ネパール人在住者が多いが、こちらの客層はあくまで日本人が中心。多くが魅了されるのが笑い上戸で愛らしいプルジャさんのキャラと、いかにもネパールの田舎のおばさんが作りそうな家庭的な味わいである。

プルジャダイニングはその店名通りプルジャさんという類まれな料理人の台所であり、ここで提供される料理は、誤解を恐れずに言えば彼女の故郷ミャグディでの味の記憶に基づく創作ネパール料理である。家庭料理の定義を、たとえばありあわせの食材でサッと作る「まかない」的なお母さん料理だとするならば、まさにプルジャさんの料理はそれに該当するものであり、いわ

巣鴨のプルジャダイニングのおまかせ料理①

巣鴨のプルジャダイニングのおまかせ料理②

ゆる定型的な家庭料理風外食メニューとは本質的に異なる。ゆえにこの店が最も実力を発揮するのはおまかせであり、季節ごとに自らの農園で収穫された旬の野菜を使った和え物料理（サデコ）、炒め料理（ブテコ）などはプルジャダイニングの面目躍如たるところ。唯一無二であり、例外なく絶品である。

もともと都内では低価格のアパートが密集する阿佐ヶ谷・高円寺界隈では、学生などを中心とした単身のネパール人在住者が少なくなかったが、2013年4月阿佐ヶ谷に開校したネパール人学校エベレスト・インターナショナル・スクール・ジャパン／Everest International School, Japan（EISJ）により、周囲には子息を学校に通わせようとする家族連れが増加した。これは元々インド人在住者の多かった江戸川区葛西や江東区大島にインド人学校が出来たことでさらにインド人家族が集住化する流れと同様である。子供の通学環境によって居住地を決めていくのは、やはり子供の教育が生活の中の最優先事項だからなのだろう（もちろん日本の公立学校に通わせているネパール人の親御さんもある）。ちなみに、阿佐ヶ谷のネパール人学校は開校後すぐに手狭となり、2016年からは荻窪にも校舎を増やしている。

こうしたネパール人学校に通わせるネパール人家族層を狙った食材屋も増加し、界隈では割と以前からあるエベレストスパイス&ハラールフードの他、アサガヤスパイスハウスも登場。またアーケードの中には充実した本格メニューを取りそろえたネパール料理店シバダイニングも現れ、着々とネパール食文化が浸透しているかに見える。

しかし、こうしたネパール人学校設立によるネパール人の集住による第二の新大久保化をアテ込んで、学校出資者などがオーナーとなったエベレスト・ダイニング&バーというネパール料理を中心とした店が2015年に鳴り物入りで登場したが、関係者の思惑通りにいかず客入りが低迷したのち閉店。子供を学費の高いネパール人学校に通わせるだけの経済力を持つネパール人(日本で働くネパール人の多くはネパールに子供を残して故国で教育を受けさせている)は、それだけ長く日本で働いて順応してきた人たちでもあり、食生活もまた日本化しているため外食先としてあえてネパール料理店を選ぶ人たちは多くない。家族や何人か集まった時に行く先としてはファミレスや居酒屋であることが多く、個別にネパール料理が食べたい場合は奥さんによって家庭内で作られる。よって日常的にわざわざ家族連れがネパール料理店に出向くことは逆に少ない。家族連れがネパール料理店を利用するのは誕生日やネパールの行事といったパーティーが主で、日常的に来店するのはバイトと学校に忙しい単身層である。ただしこうした単身層は客単価が低く、新大久保界隈で500円ダルバートが興隆しているのもそのためである。

東京スィク寺院のランガル

地下鉄茗荷谷駅から徒歩数分、東京スィク寺院（東京グルドワーラー。正式名称はGurudwara Sahib in Tokyo）は春日通に面した雑居マンションの地下に位置する。階段を下って行くと既に参拝者の靴で入口は埋まっている。教義上、スィク寺院に入場するには布で頭（頭髪）を覆わなければならない。ターバンを常時巻いているスィク教徒もいるが、寺院では専用のルマール（布）の貸出もあるので問題ない。靴を脱ぎ洗い場で手足を洗ったのち室内へ。既に数人の信者の方々がたおやかな声で歌われるキールタン（神への讃歌）の調べに頭を垂れている。場内奥の祭壇下の箱にいくばくかを喜捨させていただいたのち、信者の方々の列の末席に加わる。

隔週の日曜日に東京スィク寺院ではこのように礼拝が行われ、賛歌吟詠などが終わると参拝者全てに無料で食事が

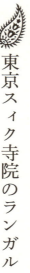

ふるまわれ、参拝者は一列に座って等しくその食事をいただくスィク教特有のランガルと呼ばれる集団共食が行われる。スィク教では宗教人種性別を問わず、誰でも寺院でのランガルに参加することが出来る。

キールタンは午前11時頃から始まる。神戸のスィク寺院では専用のキールタン演奏者がインドから呼び寄せられていたが、東京スィク寺院ではこの演奏も有志の方たちによって行われている。壇上で読経がしばらく行われ、参拝者が数回起立して礼をして終

東京スィク寺院でのおごそかな合同礼拝

了。ここまで開始から2時間ほど。その後カラー・パルシャード（パルシャードとは神のお下がりの意味。一度神様に捧げたスージーハルワの食べ残しという形でありがたくいただく）が配られる。供物は両手を差し出してありがたく受け取らなければならない。このハルワ自体とても美味しいものであるが、そもそも祈りの場でハルワの味をうんぬん言うことは礼を失した言動である。

続いて参拝者が横一列になって、いよいよランガルの開始。各自に四角いターリーが置かれ、数人の有志の方たちによってテキパキと食事が配られていく。このランガルは読経の数時間前から寺院の厨房に設置された大鍋で調理されたもの。メニューは毎回少しずつ変えられているという。この日のメニューはタワ・ローティー、ダールマッカニー、アルマタル、ライス、マンゴーアチャール、みかんという内容で、日常的に食べられている純正パンジャーブ料理が提供された。開祖の生誕祭やバイサーキーといったスィク教祭礼日にはさらに乳製品で出来たパンジャーブ・スイーツの含まれた特別なメニューも出されるという。料理は有志の方々によって入れ替わり立ち代わり順々にサーブされていく。もちろん、こちらが「もういりません」と言うまで何度もお代わりを注ぎに来るインド式サーブシステム。一枚一枚丁寧に焼かれ、保温器に入れられたタワ・ローティーもターリーの中にバサッと置かれていく。予約制ではないので、参拝者の人数は日によってまちまちなはずなのに、決して不足することなく全員に行きわたる分量が準備されているのは不思議でもある。食後、お皿を下げて洗うところまで全て有志の方々がやってくれる。

これもまた無料奉仕を尊重するスィクの教義によるものであるが、インドや他国のある程度洗い場の広さが確保されている寺院の場合は食べた者が自ら食器を洗って返却するのが一般的である。

ちなみに、パンジャーブ料理はサルソン・カ・サーグやダール・マッカニーに代表されるバターを多用した菜食料理の他、ヒンドゥーよりも食肉のタブーが少ないためチキン、マトン、淡水魚といったノンベジ料理も一般的である。また広大な穀倉地帯で収穫される小麦を使った様々なローティー類、酪農も盛んなことから多彩な乳製品や甘い菓子、伝統的に使われる露出型のタンドールによるタンドーリー・チキンやクルチャなども有名で、北インドを代表する料理とされる。一般的には菜食・非菜食問わず様々な料理が存在するが、寺院でのランガルは純菜食料理となっている。

食後、世話役の一人、M・S・サニーさんにお話を伺う。東京スィク寺院は2001年に現在の場所に設立された。それ以前のお祈りやランガルはどのようにしていたかと聞くと、特にスィク教祭礼の中でも最重要とされるグルナーナク・グルプラーブ祭（開祖生誕祭）の時に限って区民会館の一室を借りるなどして祝っていたが、特定の祈りの場は持っていなかったという。

首都圏在住の多くのスィク教徒は仕事で直接来日した人が多く、神戸のように数世代のスパンで永住している人はまれだという。こうした点が東京と神戸、二つのスィク寺院で提供される食事の微妙な差異となって現れるようで興味深い。神戸のスィク寺院とは友好関係ではあるが特別に提携や交流している訳ではなく、参拝者の中には神戸にスィク寺院があることすら知らない人もいるという。近年ではＩＴ系のパンジャーブ出身者も増えているが、建築や工事現場といった肉体労働係の仕事に就く人も多く、皆職業は雑多。元々来日時はスィク教の象徴であるターバンを巻いていたが、仕事でヘルメットをかぶるためやむなくターバンを取り散髪したという人も少なくない。宇都宮市や小山市にはパンジャーブ出身者が比較的多く住み、かつてはプレハブの簡易寺院でスィク教のイベントなどが執り行われた経緯もあるらしい。

本国インド・アムリトサルにある総本山 Harmandir Sahib とは当然ながら規模も迫力も違うが、遠い異国の地にあって真摯に祈りをささげる人々の姿やそこで供される神聖な食事を共にすることで彼らの文化を体感・共有出来る機会は貴重である。お店では決して味わえない、純粋なパンジャーブ料理を味わえるまたとない機会でもある。

在日インドコミュニティ・イベントを食べ歩く

広大なインドを反映するように、日本国内にも出身地別に様々なインド系コミュニティ団体が存在し、それぞれの故郷の伝統の灯を絶やさぬように綿々と祭りなどを継続している。会場に設えられた祭壇での儀礼やステージで発表される歌と踊りも十分魅力的ではあるが、インド料理好きの視点からすると、そこで供される祭礼食こそが最大の魅力であり、主目的たりうる。普段のインド料理店ではお目にかかれない希少な祭礼料理と出会える場としてはもちろん、多くのその地域出身インド人が集まっているため、様々な地方料理の情報収集が出来るし、そんな話をしていると、中には「ウチに食べにどうぞ」などと言ってくれるおもてなし好きのインド人との貴重な出会いもある。そんなあわよくば的な食との出会いも含めて、こうしたコミュニティ・イベントの魅力はもっと知られるべきである。ここにはそんな食との出会いが期待できる、国内のインド・イベントのごく一部を紹介したい。

ベンガルコミュニティのサラスヴァティ・プジャ

ベンガルコミュニティのイベント

サラスヴァティは技芸や学問を司る女神で東インドでは特に篤く信仰されている。ヒンドゥー暦のマーガ月白分第5日は北インドを中心に春の到来を祝う祭礼日であるが、ベンガルを中心とした東インドではサラスヴァティ・プジャが行われる。この日女性たちはサラスヴァティ女神が好むとされる黄色のサリーを身に付け、黄色い菓子や料理を食べる習わしがある。東インド各所のサラスヴァティ寺院では黄色い衣装が神像に着せられ、黄色みを帯びた供物（プラサード）がささげられる。

東京でも最近は複数の在日ベンガル人団体によって華々しくサラスヴァティ・プジャが行われるようになったが、最も歴史の長いBengali Association of Tokyo Japan のそれは参加者の年齢の高さもあって決して派手さはないが、厳かで古き良きスタイルを感じさせる。この祭礼食ケータリングは広尾のプリヤが例年担当していて、出された祭礼食はまずメインであるターメリックで色づけされたムーング豆入りのボゲル・キチュリ、アル・プルコピル・ダルナ（優しい味付けのアルゴビ）、ベンガル料理には欠かせないアル・ジュリ・バジャ（細切りポテトフライ）、トマトベースで赤く甘い味付けしたスイート・チャトニはパパルと共に食べる。そしてグラーブ・ジャームンといった構成。

タミルコミュニティのイベント

ポンガルはタミル暦タイ月の新月から4日間（1月中旬）、タミルを中心とした文化圏で広く盛大に祝われる祭り。これから続く収穫期に対する感謝を太陽神に捧げ、その年の豊作を祈願するもの。ジャガリやミルクで甘い粥（この粥自体もポンガルと呼ぶ）を作る際に、火の上であえて沸騰させて吹きこぼれるようにする。この吹きこぼれる様がポンガルの元来の意味であり、タミルの人たちはこの吹きこぼれる状態こそ縁起がいいと考えている。

他の在日インド系諸団体同様、日本には複数のタミル人団体があるが、TOKYO TAMIL SANGAM主催のポンガルが最も古く2018年の時点で第27回目が葛西区民館で開催されている。事前にフェイスブックを中心としたネットなどで集客され、当日は歌や伝統舞踊、寸劇、ビンゴ大会などステージ上で様々なアトラクションが行われ、インドから芸能人のゲストが招聘さ

タミルコミュニティのポンガル食事会場

ポンガルで提供された祭礼料理

れることもあり、その盛り上がりぶりは在日インド系諸団体中随一である。この年の食事は船堀にあるゴヴィンダスによるケータリングのミールスで、内容はこの祭日の象徴でもあるサッカライ・ポンガル（甘いポンガル）をはじめ、サンバル、ラッサム、アヴィヤル、メドゥ・ワダ、アッパラム、ポテト・ロースト、キャベツ・ポリヤル、ウールガイ、タイル、サブダナ・パヤサムなどで構成されていた。にぎやかなタミル人と共に横一列となってあれをくれ、これはいらない、などとサーブ係（この年はなぜか日本人のインド料理ケータリングユニットのマサラワーラーの二人が手慣れた感じでサーブしていた）からお代わりをする現地感を味わえる貴重な場でもある。

アーンドラコミュニティのイベント

ウガティとはテルグの人々が伝統的に用いる暦上での新年祭で、人々はこの日に服や日常用品などを新調し、家の門やドアなどにマンゴーの葉を飾り沐浴した後、お寺にお参りするという。日本でのウガディは在日テルグ人組織であるJapan Telugu Samakhyaによって主催され、毎年4月頃に開催される。場所は葛西区民館が使われることが多い。ステージでも様々なアトラクションが催されるが、最大の楽しみは祭礼用の特別料理で構成されるミールスを食べることに尽きる。ここ数年は中目黒と水道橋に店舗を持つシリバラジによるケータリングが多い。特にシリバラジのこの祭礼ケータリングにかける意気込みが凄く、インドから取り寄せた葉皿まで準備され、メニューもプリホラ的酸味のあるベジプラオ、グッディ・ヴァンカヤ、ゴングラの葉のアチャール、パーラ・コーラ・パップー、白ライスにギーなどといった伝統的なアーンドラの祭礼料理が並ぶ。これらと共に、ニームの葉、ジャガリ（椰子糖）、タマリンド、青マンゴー、塩という6種の味（Shut-Ruchi と呼ばれる）からなる複雑な味わいのウガディ・パチャディが祭礼食の白眉で、この複雑な味わいこそが人生を表すのだとアーンドラの人たちは言う。

インド人学校主催のイベント、アーナンドマツリ

こと食に関するイベントとして密かに衆目を集めているのが江東区大島にあるインド人学校IISJ（Indian International School Japan）による文化祭、Anand Matsuri（アーナンドマツリ＝印度幸祭）である。通常この種のイベントにはプロの飲食業者が出店しているケースが多い。バターチキンとナーン、串に刺されたタンドーリー・チキンなど、良くも悪くも業者の料理は手慣れた定番的なものが多い。Anand Matsuri も当初はそうした業者出店もあったが、直近の2018年度にはそうした業者出店がほぼなくなった。代わって料理の模擬店の担い手となるのが子供をこの学校に通わせているお母さん方なのである。一部の模擬店では出身地別に料理ブースが分かれていて、マハーラーシュトラのパオバジとワダ・パオ、タミルのイドゥリなどを作って出すブースがあり、その他にも複数の北インド出身者によるベジ・ビリヤニ、ベジ・ヌードル、一部ネパール人のお母さんもチームに混ざったサモサ、グラーブ・ジャームンなどの出店が見ら

アーナンドマツリでのお母さん方による模擬店

れた。校舎内でも簡単な調理室はあるが、こうした料理はおそらく各家庭であらかじめ下ごしらえされたものが持ち込まれているようである。「家庭料理にこそインド料理の神髄が宿る」という伝に従えば、こうした料理こそがまさに理想的なインド料理なのであり、本来ならなかなかハードルが高くて越えられないインド人家庭での食事体験をイベントという形ではあれ、果たせる機会というのは大変に貴重である。

ディーパーワーリー

インド人学校の主催ではないが、IISJ Yokohama（India International School in Japan）に子供を通わせるインド人の親御さんを中心とした横浜市十日市場周辺、特にＵＲ霧が丘グリーンタウンに居住するインド系コミュニティと近くの日本人国際交流団体の共催によるディーパーワーリーが毎年10月～11月に開催されている。イベントは参加者がそれぞれのインドのお国言葉であいさつする所から始まる。ヒンディーやタミル、マラーヤラム、マラティーなどのあいさつが続き、「だれかグジャラーティであいさつ出来る人はいませんか?」とか「パンジャービーは?」などと和気藹々とした雰囲気。インドが改めて多言語・多文化の国であることを感じさせる。

さて、そんなことより肝心の食はどうだろう。あいさつが終わるやいなや、なんとここでは各自持ち寄ったインドのミターイー（お菓子）の大交換会が行われる。確かにインドでは祝い事があると甘いもので口を満たす習わしもあるが、皆さんそれぞれ趣向を凝らしたお菓子を作って持ち寄りどうぞどうぞとすすめ合う。インド各地方の家庭で作られたお菓子が一堂に会する機会などおそらく日本でも唯一。大変貴重で差し出す手を抑えられない。各地で様々な団体やコミュニティがディーパーワーリー／ディワリを開催しているが、こうしたことをやっているのは他に見たことが無い（もちろんこうした菓子交換会に参加する場合は自らも菓子を持参するのが筋である）。飲食ケータリングはプロを含めて四業者。一番集客していたのはIndo Biriyaniで、ここは最近西葛西や大島あたりで発生しつつあるスタイルの、ITなどの仕事で来日している夫を持つ専業主婦の方たちによる家庭料理ケータリンググループである。

UR団地の夏祭り

十日市場でのディーパーワーリーでのミターイー交換風景

ディーパーワーリーのステージで踊るインド人の子供たち

ディーパーワーリーに出店中の Indo Biriyani

西葛西にインド系住人が多いのはつとに有名。彼らの多くは清新町団地や小島団地などといったUR団地に住んでいる。同様に、区内にインド人学校IISJがある江東区大島もまた六丁目と四丁目に大きなUR団地があり、大勢のインド系住人が居住している。こうした団地では毎年夏になると盆踊りの櫓が組まれて納涼夏祭りが開かれる。団地に居住する住民主催のものだが、こうしたインド系住民の多さを反映してインド人による料理出店が見られることもある。こうしたイベントはOjima Indiansという主に大島在住インド人によって数年前から組織されたグループ内で、当初はメーリングリスト、最近ではSNSで活発に情報交換がされている。また、大島団地の自治会役員には古くからインド人が名を連ねていて、祭りの日は子連れのインド人ファミリーの姿を多く見かける。そうした人たちと料理談義になり、あわよくば彼らの家に招待される可能性もなくは無い。

ナマステ・インディア

毎年9月後半の週末に開催される日本最大級のインド・イベントであるナマステ・インディアは、歴史も長く1990年代から開催場所を拡大させつつ続いている。インドや日本で活躍するアーティストのパフォーマンスがステージで繰り広げられる他、多くの飲食出店に大量の客が列をなす。各店舗には大勢のインド人スタッフがお揃いのシャツで忙しく作業しており、その姿は風物詩化している。ここに出店するのはこのように規模の大きいプロ飲食業者ばかりだが、逆に言えば大量の来場者を捌くには大勢のスタッフを抱えたプロ飲食業者でなければ不可能であるとも言える。また、レンタル対応もするタンドール販売業者にとってもこの時期が通年で最も忙しいという。このような国際交流を目的としたインド・イベントは全国主要都市でも行われており、横浜ではディワリ・イン・ヨコハマ、神戸ではインディア・メーラー、福岡ではナマステ福岡などが主なところである。

在日ネパールコミュニティ・イベントを食べ歩く

来日したネパール人の多くは出身地別、あるいは出身民族などで構成される「サマージ」に所属する。いわゆる県人会的な性格のもので、情報交換や親睦を目的としたゆるやかな互助会的なサークルである（中には母国の政治団体と連動するものもあるらしいが）。在住人口の増加に伴い、サマージもどんどん細分化され増殖している。それぞれのサマージはフェイスブックなどで活動を逐一報告するので部外者でも検索や情報収集が容易である。

　このサマージの活動で最も魅力的に映るのは彼らの故郷の祭りや文化を再現するイベントの開催で、そこでは歌や踊りだけでなく、飲食が絡むものが少なくない。基本的にそうしたイベントはサマージのメンバーに向けてのものではあるが、部外者が覗きに行っても歓迎してくれる場合が多く、伝統的なハ

レの料理、珍しい祭礼料理を日本国内にいながらにして味わえるまたとない機会でもある。むしろ海外にいるからこそ生じる望郷の念の強さからか、ネパール本国で行う以上に伝統に忠実に行ったり、本国では担い手のいなくなった祭りを再興しようとする動きもある。在住ネパール人の増加に伴い、イベントそのものが非常に凝ったものになりつつあり、見応えも食べ応えも十分。あわよくば会場内のネパール人と仲良くなって彼らの家で心のこもったダルバートをご馳走になる可能性も無

第１回ネワール・フードフェスティバルで山積みされたサマエバジとバイラヴ神像

伝統衣装に身を包んだネワール・フードフェスティバル参加者たち

伝統的な葉皿に盛られたカジャ

きにしもあらず。ここにはそんな食との出会いが期待できる、国内のネパール・イベントのごく一部をご紹介したい。

第1回ネワール・フードフェスティバル

ネパールの諸民族の中で、最も特徴的かつバリエーション豊富なのがネワール料理である。こうしたネワール族特有の料理文化を広く紹介しようと複数の在日ネワール族サマージが合同で企画されたのが２０１８年１月に開催された第１回ネワール・フードフェスティバル。元々カトマンズで20年以上前に開催された同様のイベントにインスパイアされたもので、奥深いネワール料理文化を紹介しようという在日ネワール族たちの意気込みに満ちあふれていた。もちろんネワール料理食べ放題飲み放題で、前菜の葉皿に盛った8種の軽食サマエバジ、メインの22種のボエなどに関して、イベントに合わせてパンフレットが作成されそれぞれ詳細な料理解説も付いていた。

ネワールの通過儀礼

伝統的にネワール族の女性は少女期にまずベールと、次いで数年後太陽と、最終的に人間と結婚式を挙げるという三度の結婚式を挙げる通過儀礼がある。ベールとはインド・ネパールでは馴染み深い果物。日本ではこのベールとの結婚式（イーと呼ばれる）が２０１６年に江東区のネパール人も多く居住する団地の集会所で初開催された。祭壇に置かれたベールの木に儀礼が捧げられたのち、伝統的な祭礼ネワール料理が出される。この祭礼料理はネワールの一般的な結婚式でも同様に供されるという。

参加者は横一列に並び、まず葉皿（ラプテ）が置かれる。次いで給仕者たちがチウラ、トーカー（鶏の煮こごり）、野菜アチャール、ボディ（豆）、サグ、ウォー（ネパール語ではバラとも呼ばれる。豆粉のお焼き）、ククラ（鶏肉）のカレーなどを一品一品並べてゆく。ククラはチウラの山に手で凹みを作りそこに盛ってもらう。ネワール族はこうした作法が複雑で、何をどの順番で食べるかなども細かく設定されている。別容器にアルタマ、ポンクワ（甘く酸味の効いたドリンク。コップで提供）。そして民族衣装を着た可愛いネワール女子たちによってひっきりなしに注がれるチャンとロキシー。これが大体3〜4ラウンド回って来る。こうしたネワール通過儀礼を日本でも再現しようとする動きは活発で、他にもマハプジャ、クワティ・プンニーといったイベントが行われ、その都度伝統的なネワール料理がふるまわれる。

在日タカリー族協会主催のバーベキュー

在日ネパール人サマージの多くは夏の恒例行事として盛大なバーベキュー大会を開く。その内容は逐一フェイスブックなどで報告され、見るものを強く刺激する。フェイスブック上でそれぞれのサマージはいかに豪勢なバーベキュー用食材を調達し、いかに多くの来場者を動員したかなどを喧伝する。それはあたかも自らのサマージの勢力を競い合っているかのようにも見える。そ

タカリー族協会主催のバーベキュー大会

んな数多くある在日ネパール人サマージ主催のバーベキューの中で最も人気が高いのが在日タカリー族協会主催のバーベキューで、タカリー族のみならず多くのネパール人・日本人が参加する。一体なぜそこまで人気なのか。それは首都圏の主要な食肉加工場現場で多く勤務している在日タカリー族のネットワークを通じて供給される肉や内臓が特に上質なものが多く、更にアル、ムラ、ゴルベラなどのアチャールやサデコ類、更にジョニ赤などのネパール人好みの酒類も他にはない品数が放出されるからである。商売上手なタカリー族はイベント開催告知からゴミの処理などの組織力・統率力もまた在日ネパール人サマージ随一である。

トーレンラ

タカリー族の年中行事の中で最大の祭礼。新年祭的な側面と共に、本国では早朝3時に起きて沐浴し、葉皿の中に食事を入れ、新しく作ったロキシーと共に祖霊に捧げる儀礼を行う祖霊祭的な側面もあるという。例年行われる大田区内のホールのステージ前には「チョンジー・トーレンラ」と書かれた垂れ幕が貼られていて、これはタカリ語で「いらっしゃいトーレンラに」という意味らしい。ホールに三々五々集まってきた在日タカリー族の人々に混ざってまずはセルロティ、アルサデコ、バトマスサデコ、ムラコアチャール、そしてタカリー族の伝統なのか魚の頭の煮込みが乗ったカジャがふるまわれる。その後はステージでのんびりと進行する恒例のあいさつやタカリー族舞踊などが続くがこの間もモモなどのカジャは提供され続ける。そして夜もかなり更けた頃にいよいよカナが登場。参加者全てにダルバートが供される。とくかく食べ物が出され続ける、お腹がいっぱいになるお祭りである。

その他のサマージのイベント

数多くのサマージが存在する在日ネパール社会だが、それぞれの民族が固有のイベントを行っていて楽しい。特にモンゴロイド系の諸民族（マガル、グルン、タマン、ライ、リンブーなど）が最も大切にしている祭りにロサール、またはロチャールなどと呼ばれる正月祭りがある。各民族特有の伝統的衣装を身にまとって各会場に集まり、この日のために本国から招聘されたプロの民謡歌手の歌に合わせて踊る華やかなものである。各民族の伝統的な暦に従うが例年2月頃開催

華やかな衣装でティージに参加したネパール女性たち

される。

一方、バウン、チェトリの人々を中心としたサマージでは毎年9月中旬頃にはヒンドゥー教の祭りであるティージが行われる。元来はシヴァ神とパールヴァティー女神の神話に基づいた女性たちの祭りで、既婚女性は夫と息子の健康長命を、未婚女性は良縁を、女神にちなんだ赤いサリーを身にまとい一日食を断って祈願する祭りだが、最近の特に在日ネパール人のティージは単に普段着る機会の無い華やかなサリーを着て、こちらも本国から招聘されたプロの民謡歌手の歌に合わせて会場内で踊る、ある種のダンスパーティーイベントと化している。こちらも開催日程は各フェイスブックなどで確認することが出来る。

こうしたイベントが開催される会場は各区

のホールなど公共ホールであることが多く、調理室が併設されていない会場では調理が難しい。食事の提供のあるイベントは比較的少ないが、例外的に大田区立池上会館には調理室が併設されているため温かい料理が提供されるイベントが多い。食に関心のある向きはここで開催されるネパール・イベントに要注目である。

ネパールフェスティバル

約11年前から、主催者と開催場所を変えつつ続けられてきた国内最大級のネパール・イベント。毎年8月頃に都内の公園イベント広場などで開催される。前述のサマージ主催イベントが同胞向けの性格があるのに対して、こちらは特に日本人来場者も意識されていて比較的参加しやすい。特に数年前に主催がNRNA（Non-Resident Nepalies Association Japan）に移行してから規模が拡大し、大掛かりなステージが組まれ民族舞踊や民族歌謡、結婚儀礼、民族衣装ファッションショーなど様々なアトラクションが繰り広げられる。また、擬似的にネパールの祭りが再現され、鳴り物と共に会場内を巡幸するクマリの山車まで登場。急増するネパール人社会のダイナミズムを肌で感ぜずにはいられない。飲食出店も多く、アーガンやナングロ・ガルといった経営規模の大きいネパール料理店から、普段はインドカレー主体で営業している小さなインドネパール料理店まで多数出店する。日頃ナーンとカレー主体のインドネパール料理店が、この日ばかりはリアルなネパールテイストを提供するのも楽しい。セルロティ、サモサ、カジャセット、モモなどの軽食からダルバート、チョエラ、セクワ、スクティなどあらゆるジャンルのネパール料理が並ぶ様は圧巻である。

フットサル大会

FIFAランキング171位のネパールであるにもかかわらず、在日ネパール人の間ではフットサルが大変盛んである。在日インド人やパキスタン人が草クリケットに興じるように、東京や愛知、福岡などネパール人人口の多い街ではそれぞれチームを作り、日曜になるとフットサル場を借りてトーナメント式のかなり本格的な試合を行っている。こうしたチームは経済的に成功したネパール人ビジネスマンなどがユニフォームやシューズなどの諸経費をサポートしている。その関係性はまるでクラブチームのようであるが、プレイヤーたちは学生だったりインドレストランのコックさんだったりする。こうしたトーナメントの中でもかなり規模の大きい大会が八王子市で開かれると聞いて出かけてみた。

フットサル場に着くと、既に熱い試合が展開されていた。大会は既に7年目だという。応援勢も多い。約30のチームが参加して優勝を争っている。皆そろいのユニフォームで真剣にボールを追っていて、時にはラフプレーなども出る。思えばネパール人の宴会に喧嘩はつきものなのだ。そして傍らには巨大なバーロ（蒸し器）でモモやスクティ、チョエラなどを販売する露店が出ている。早速アツアツのモモを購入。この店は拝島を拠点とするネパーリキッチンで、毎回出店し

八王子で開催されたネパール人フットサル大会に出店した業者によって販売されたモモ

ているという。来場者のほとんどがネパール人の中、ネパール人によるフットサルを観戦しながら食べるモモの味はまさにリアルなネパールの味そのものである。

インド人家庭潜入・家族編

東西南北、広大なインド亜大陸にはそれぞれの地方ごとに特色豊かな料理が存在する。

そんな特色を活かした魅力的な店が昨今増加の一途をたどり、東京のインド料理店はまさに百花繚乱。リッチでエレガントな外食インド料理が今夜もテーブルを賑わせている。一方、それとは対をなすかのような彩りや見栄えよりも健康や滋味深さ重視の地味なインド料理が存在する。それがインド家庭料理である。

インドでは料理の地方差も大きいが、外食料理と家庭料理との差もかなり大きい。不特定多数の需要を満たさなければならない外食料理はある種の定型化した、最大公約数的な料理であり刺激の強い香辛料も多用しがちである。また、ビジネスである以上当然コスト計算され利益が生じなければならない。利幅は大きければ大きいほどいい訳で、極端な話安い経費で高く売れればそれに越したことはない。一方、家庭料理はそうした制約から自由であり、純粋に食べる人を想定して作られた料理である。浄不浄の観念が強く、食に保守的なインドでは赤の他人の作った外食に対する不信感が今でも根強く、外食そのものをしたがらない人も少なくない。こうした人たちは旅先に行っても自らの家で作った料理を可能な限り持参しようとする。こうした場面にたままま出くわし、おすそ分けしていただいた時のそれらの家庭料理の優しい美味しさは忘れられない。

インド家庭料理をご馳走になるにはいくつかの障壁が存在する。外食料理と違ってお金さえ払えば誰でも食べられるものではない。自宅に招待され、心を込めて作ったご飯をご馳走するにふさわしい相手として認識されなければならないのだ。語学力や雑談力はもちろん、すすめられるおかわりを笑顔で食べ尽くすだけの咀嚼吸収力など、トータルな食事コミュニケーション力が必要条件となる。こうした点をクリアして初めて、決して外食では体感出来ない、まさに最上位たる家庭料理を堪能することが出来るのだ。以下に3例ほどいただいた家庭料理を記しておく。

まず、都内でレストランを経営するアーンドラプラデシュ州出身のサラディさん。家族と共に都内に居住している。長年の付き合いのため、何度かお宅訪問させていただいているが、この日は特に招待していただくにあたり日本では入手困難なゴングラの葉を数日前にお届けし、改めてゴングラ料理を作っていただく手筈となっていた。ゴングラの葉は特にアーンドラでよく食べられる食材で、独特の酸味と軽いエグ味が何とも言えないアーンドラを代表する食材である。このゴングラをペーストにしマトンと共に煮込んだゴングラ・マムサムと、キマメのスープに入れたゴングラ・パップーをこの日は調理段階から見学させていただいた。共に白いライスによく合い、いつまでも食べすすめていたい味。加熱すると小さくなってしまうゴングラの葉は外食料理のような大量調理よりも家庭料理向きの素材である。

続いて、都内のインド食材輸入商社に勤めるグジャラート州出身の単身赴任男性のパテルさん。ここではインドから両親が来日しているタイミングで自宅に呼んでもらった時のもの。高齢のご両親は現在ムンバイ在住。日本滞在中は息子のために毎日台所に立って料理作りに余念がない。いくつになっても息子のことが心配なのだろう。この日お母さんが腕によりをかけて作っていたのはケチャップを付けて食べるムング・ワダ、ムングを発芽させスプラウト＝ファンガベラ（グジャラート語）にしてサブジとして食べるムング・キ・サブジ、酸味の効いたセーウ・トマト、プーリーが一つのターリーに入っていて、別皿で甘いセーウ・キールも出してくれた。

アーンドラ家庭料理を作ってくれたカビタさん

台所で料理中のパテルさんのお母さん

お部屋に招き入れてくれたタミル出身カールッティケーヤンさん一家

いかにもグジャラーティーというイメージのベジのターリーだった。

最後に、都内のIT企業に勤めるタミルナードゥ出身のカールッティケーヤンさん。家族と共に都内に居住している。カールッティケーヤンさんの場合、たまたま彼の居住する都内の団地の夏祭りで知り合い、そのまま自宅について行ったため、他の2家族と違い事前準備のない訪問となった。あらかじめ客人を招き入れる準備をした中にお邪魔して行くのと、このように事前に何の準備もしていない中にお邪魔して行くのとでは当然受け入れ態勢が異なる。後者の場合、全くの無防備な日常の食生活そのものが垣間見られる訳で、より参入障壁は高くなるが、それだけにまた非常に興味をそそられるものがある。この日ご馳走していただけたのは作り置きしていたバター（生地）を焼いたドーサにピーナッツのチャトニを付けたもの。お客様用のご馳走でなく本当の意味での日常食なのが嬉しい。もちろん美味しさもひとしおであり、お腹いっぱいご馳走になってしまった。

インド人家庭潜入・単身者編

インド人家庭の数だけインド家庭料理はあるとはいえ、一般的にイメージされるインド家庭料理とは主婦が作る料理であり、単身者の料理や台所にスポットが当たることはあまりない。しかし、日本で働くインド人には家族や夫婦だけでなく単身者も多い。もちろん外食中心という人もいなくはないが、中には勤務先から帰宅後ひとり台所に立ち、お母さんに教えてもらったレシピを思い浮かべてコンロに向かう人も決して少なくないのである。孤独ではあるがそこには特段悲壮感もなく、むしろ料理の楽しさに開眼するインド人男性すら存在する。家庭料理が最上位といわれるインド料理の世界にあって果たして単身者はどんな料理を作り、どんな味なのか。ここではなかなか表に出てこないインド人単身者の調理風景とその味にフォーカスしてみたい。

都内のＩＴ系企業に勤めるマハーラーシュトラ州ナーグプル出身のアモールさん。都心に近いアパートで独り暮らししている。この日作ってくれたのはマラティーの田舎家庭料理ジュムカーで、青唐辛子の効いた具沢山のグジャラートのカーディーに似た酸味のある味わい。本来はバク

慣れた手つきで料理するアモールさん

アモールさんにつくっていただいたジュムカー

リー（キビやヒエなどの粉で作る無発酵パン）と共に食べられるもので、ダール・チャワル、ローティー・サブジーのようにジュムカー・バクリーとして一対の言葉のようになって親しまれている。日々仕事で忙しいにもかかわらず、時々台所に立つというアモールさんの手つきは慣れていて、丁寧に作られた味わいはまさに家庭でしか味わえないものだった。

続いて、都内の企業に勤めるウッタルプラデシュ州出身のギャネンドラさん。北インド出身男性としてはやや珍しい、料理が趣味だという菜食主義者。休日には自慢の腕をふるい同郷の後輩などに食べさせているという。この日はアールー（ジャガイモ）をメインにした汁気の多いカレーとペター（冬瓜）と豆をつかった煮込み、得意料理のビハール名物リッティー・チョーカーのチョーカーにも似た刻み野菜ミックスがライスと共にサーブされた。ごくごくありふれた北インドの午後の日常食感。こうした料理は決して外食では味わえないという点に於いて希少である。

ネパール人家庭に潜入

狭い日本に星の数だけ存在する昨今のネパール料理店。ここ数年はとりわけ他店にはない味や雰囲気を出そうとそれぞれの店が地方色・民族色で趣向を凝らしたり、低価格化・飲み放題メニューの拡充、歌や踊りのアトラクションなどこれ以上ないほどに創意工夫がなされている。一方こうした熾烈な生存競争とは無縁でありながら、外食料理店とは別種の美味しさで私たちを幻惑する料理ジャンルが存在する。それが家庭料理である。ネパールに於いてもまたインドや他の南アジア諸国同様、心のこもった家庭料理の美味しさは最上のものであり、一度でもそれを味わったが最後、その味は時おり突如として脳裏に蘇ってきて、また食べたくなってしまう。

ネパール人のお宅にお邪魔して料理をいただくときに感心するのは、出稼ぎ家族のためかなり家賃が安めのアパートの、ワンルームに付属する小さなコンロひとつだけの小さな台所や、中には共同台所のような厨房設備で作られたものであっても、時として信じがたいほど極上な味に出会うことである。よく考えてみれば彼らの出身地であるネパールでも山村部では現在でも水道やガス設備のない厨房も珍しくない訳で、そうしたことにも思いを至らせながら感謝しつついただく家庭の味はまた格別のものがある。そこに到達する道は決してたやすいものではないが、ネパール料理もまた家庭の味が最上位なのでこうした機会に恵まれた場合、可能な限り無理をしてでも食べさせていただくことが重要である。ここではそんな得難いネパール家庭料理の世界を垣間見ていきたい。

新大久保に店舗を構えるソルティ・カジャガルのオーナーのジヴァンさん。店舗近くの年季の入った鉄筋アパートの一室に家族複数で暮らしている。まだ乳飲み子を抱える奥さんをサポートするために、その妹さんやおばさん、一時滞在中のジヴァンさんのお母さんも交えて親族がワイワイと暮らしている大家族の姿はかつて訪問したネパールのポカラ郊外にある彼の実家を彷彿とさせるものがある。東京に於いてもこのような大家族が和気藹々と分担しながら料理をこなしている姿は興味深く、それだけで料理の味をいや増している。この日作ってくれたのはミックスアチャール、アルコアチャール、カロチャナ、パパルなどのカジャのプレートが最初に出て、それを食べて数時間歓談したあと、メインのカナのプレートが運ばれる。こうした、最初に軽いものが出て酒などを飲んで談笑し、数時間のちにメインのダルバートを中心とした主菜で〆るというのがネパールでは共通した家庭でのもてなし方のようである。特に外食ではなかなか遭遇しない、具沢山のオカズ類が家庭料理の真骨頂で、ジヴァンさん宅でのメインの料理もマスコダルとマスールダルをミックスしギーとジンブー香るダル、ククラコマス（鶏肉）、カレラ（ゴーヤ）の

ネパール家庭料理をふるまってくれたアトゥールさん一家

アルコアチャールには薬味を添えて

アチャール、タマネギ、ナスなどミックス野菜のタルカリ、そして凄い量のバート（ライス）が乗っている贅沢でボリューミーなものだった。指定の時間よりも気持ち早く訪問したこともあり、調理作業風景も逐一堪能することが出来たのも家庭料理訪問の醍醐味である。

学生ビザから就職のためのビザに切り替えてまもなく、一人暮らし部屋から二人一緒に同居する部屋へと移ったばかりのアトゥールさん。まだ初々しい新居にお邪魔して心尽くしの料理をご馳走になった。グルン族の旦那さんとライ族の奥さんという新婚夫婦で、ある種の現代ネパールを象徴するカップルである。というのも元来ネパール人は同族内で婚姻するのが一般な慣習だったのだが、特に海外出稼ぎ組を中心にここ最近はその慣習が急速に失われつつあるからである。そんなことに思いを馳せつつ招かれるままに部屋に上がる。新居といっても、シンクに小さなガスコンロひとつだけ。これが新宿区や豊島区などを中心としたネパール人の平均的な住環境と考えてよい。

そうこうしているうちに料理が出来上がる。まずアテ的な感じでスングル（豚肉）炒め、ゴーヤなどのアチャール、生キュウリが登場。アチャールもその場で作ったのに非常にコクがあって美味しく、酒が進んで仕方ない。ネパール料理を特徴づける食材の一つとしてサーグ（青菜）が有名だが、彼らに言わせるとラヨ・コ・サーグ（からし菜）が最も脂身たっぷりの豚肉に合って美味いという。ラヨのシーズンとしてはダサイン・ティハールの頃、つまり秋口が最盛期らしい。またこれに合わせるバートで一番美味いのはマンスリ・チャマルという銘柄だという。家庭内に招かれての食事はこうした食に関する雑談も楽しい。スングルのアテを都合4回ほどおかわりしたあと、ようやくメインのダルバート。たっぷりのシダラ入りダルにはギウがたっぷりサルビスされる。あまりのタルカリの美味さにバートが止まらない状態となり、再度奥さんに圧力鍋でバートを炊いてもらった。改めて家庭のネパール料理の美味しさに圧倒された一夜だった。

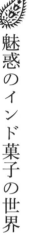

魅惑のインド菓子の世界

糖分は人を多幸感で包み込む。それがインド（とその周辺国）の場合は宗教儀礼とも結びつき、とりわけその役割は重要となる。「口を甘くする」という言い方がインドにはある。甘いものを口に含むことは喜びであり縁起のいいことなのである。このため、お祭りなどの宗教儀礼や結婚式、誕生日といったハレの場、祝いの場に欠かせないのがヒンディー語でミターイー、ベンガル語でミシュティと呼ばれる甘い菓子類である。こうした場では、祝う人が祝われる人に手ずからラッドゥーなどの菓子を食べさせる場面が見られる。最近のインド人の誕生会ではケーキが一般的だが、食べさせた後に手についたクリームを相手の顔になすりつけて一同笑うというのもお約束になっている。

インドとその周辺国で作られる菓子は、地方によって多少の差はあるが基本的には共通するものが多い。インドのどんな地方にも菓子屋は存在し日々製造されているが、とりわけ有名なのはベンガルとパンジャーブである。ベンガルは多くの菓子の発祥の地として脈々とした伝統とこだわりがあり、パンジャーブは元来酪農が盛んでインド菓子のベースである乳製品を多く産するイメージがあるからだろう。インドの街中を歩くと菓子屋の店名にベンガルまたはパンジャーブとつけている店が多い。それはインド国外でも同様で、わざわざ海外に出て菓子屋を起業しようとする人たちはベンガルかパンジャーブのいずれかの出身者であることが多い。日本でも代表的なインド系製菓業者はベンガル出身の赤羽のベティクロムかパンジャーブ出身の行徳のシャリマールとなっている。それぞれの業者による菓子製造風景と、そうしたところで作られるインド菓子にフォーカスしてみたい。

ベティクロム・フーズ

インド菓子はヒンディー語でチェーナー（インド側の西ベンガルではチャナ、バングラデシュではサナと呼ばれる）をベースにして作られるもののバリエーションが多い。チェーナーとはミルクにレモン汁などを投入して脂肪分とタンパク質を凝固させて作るカッテージチーズのことである。カッテージチーズの原料としてミルクが必要で、このため現地では多くの乳牛が飼育されている。なお、インドとバングラデシュ共に菓子に使われるミルクは主に牛のものであって水牛のものが使われることはない。一方パンジャーブでは水牛のミルクが用いられる。育成環境やミルクに対する好みの差などの理由からなのだろうか。

2008年に本格的に菓子製造業をスタートさせたベティクロムもカッテージチーズ由来の菓

ベティクロム・フーズの厨房

シャリマール・スイーツの厨房

子が主力商品であり、メニュー表にある菓子ラインナップ16品目中13品目はカッテージチーズ由来である。このカッテージチーズも厨房で作られているが、素材にこだわるベティクロムのホック社長は日本国内メーカーの牛乳を数十種飲み比べた末に、よつ葉乳業の牛乳にたどり着いたという。こうした真摯な菓子に対する情熱と姿勢が多くの顧客に支持されている。

シャリマール・スイーツ

かつて1992年から2000年あたりまで葛西で営業していたシャリマール・スイーツというハラール食材店を兼ねた菓子製造販売業者がいた。代表のサビールさんは88年に来日し、しばらくは日本の会社で働いていたが、当時まだ誰も製菓業をやっていないこと、パキスタンのラーワルピンディーにある実家で少年時代から父親の手伝いで菓子作りの経験があったことからこうした業態を思いつき営業していた。諸事情あって一時的にパキスタンに帰国していたが、2014年に縁あって再び来日。整然とした小規模の工場で造った菓子を全国のハラール食材店に卸しながら、製菓とハラール食材を販売出来る店舗物件を探し中である。

ベンガルでは牛乳が菓子の主材料として用いられるのに対し、パンジャーブでは水牛乳が一般的だという。これは、水牛には暑さ耐性があるというのがその理由らしい。この水牛のミルクが現地パンジャーブでは諸物価に比べ相対的に安価なため、これを大量に煮詰めて水分を飛ばした状態のコヤ（または場所によってはマワとも呼ばれる）が主な菓子のベースとなる。一方サビールさんの製法は、まずコヤを作るための水牛のミルクが無いため牛乳で一旦パニールを作る。パニールを作るには乳脂肪があらかじめ多く含む高脂肪牛乳が効率的だがコストはかかる。それとは別に、カラーヒー鍋にスキムミルクと砂糖、水を入れて攪拌し水分を飛ばして煮詰めるが、そこにそのパニールを投入する。このやり方はパキスタンでは一般的ではなく、サビールさんが来日後に考案したものだという。また、ギーも日本では価格が高いため大量に使うことが出来ないが、それでも現地の味に近づけようと様々な工夫がなされている。こうして出来上がったコヤをベースにして、バルフィー、ペダー、グラーブ・ジャームンなどといった菓子が作られていくのである。

インド菓子各種

ラス・グッラー | RASGULLA

ベンガル語ではロシュグッラと発音する。チェーナーを球体上に整形加工し、熱した砂糖水（チェーシャニーと呼ばれる）で茹でてから冷ましたベンガルを代表する銘菓。同様のものをカルダモンやサフランで風味付け・色付けしたミルクに浸したものをラス・マライという。ションデーシやチョムチョムなども名称は異なるがチェーナーを整形加工したものをベースにする。ちなみにインドでは、このラス・グッラーがどちらの州で最初に作られた菓子かを巡って西ベンガル州とオリッサ州が対立し裁判で争われた（結局西ベンガル出自であるとの判決が2017年に下された）。

ミシュティ・ドイ | MISHTI DOI

素焼き壺に入れられた、適度に冷やされた薫り高いミシュティ・ドイの美味さは間違いない。特に蒸し暑いバングラデシュを旅していると、菓子屋の店頭に大きな洗面器状の素焼き容器にたっぷりと入ったミシュティ・ドイがことのほか食欲を刺激する。砂糖を加えて一煮立ちさせた牛乳に、さらにカラメルにした砂糖とドイ（ヨーグルト）を少し加えてそのまま冷やす。ジャガリではなく砂糖を使うのが一般的らしい。カラメルの色が移り全体的にブラウンの美味しそうな色になる。こうしたミシュティ・ドイはベティクロムの他、新井薬師前のシックダールや町屋のPujaでも食べることが出来る。

バルフィー | BARFI

コヤをベースにして作るお菓子の代表格。元々はペルシア起源で、「氷」を意味するバルフが語源だという。パキスタンや北インドの菓子屋の店頭には必ずバルフィーが並んでいる。ひし形に整形され、チャンディー・ケ・バラクと呼ばれる食用銀箔が貼られたものが有名である。ココナッツやカシューナッツ、ピスタチオが味つけに用いられることが多く、また最近ではマンゴー、パイナップル、チョコレートなどの風味付けされたものも人気である。

キール｜KHEER

キールは米、セミヤ（バミセリ）、サブダナ(タピオカ)などを具材にしたミルクベースのデザートで広くインド亜大陸で食べられる。北インドではキール、南インドではパヤサム、ベンガルではパエシと呼ばれ、日本のインド料理店でもおなじみの存在。ちなみにキールという名称の菓子がベンガルには存在するがパエシとは別物である。他の主なベンガル菓子同様チェーナーをベースにしたもので、キール・モーハンやキール・チョップといった菓子メニューがベティクロムでも食べられる。西ベンガルではパエシに加工される米はパーボイルド（蒸し加工）されていないアトップ・チャールと呼ばれる米だが、特に祭りなどで神像にプラサードとして捧げられる場合、高級品種のゴーヴィンドボーグのアトップ・チャールで作られたキールが捧げられるという。

ラッドゥー｜LADOO

パンジャーブ人に限らず南アジア人はお祝い好きで、祭りや誕生日、出産や結婚など通過儀礼、家を買ったり新車を買ったりといった大きな買い物をした時もお祝いをする。こうした時にパンジャーブで食べられるのは伝統的にラッドゥーが多い。最近ではチョコレートやフルーツ味の色とりどりのお菓子の詰め合わせが流行しつつあるが、伝統的にはベスン粉、ギー、砂糖を主材料としたベーシックなものが一般的である。北インドを中心に広い地域で食べられるお菓子だが、やはりパンジャーブのイメージが強い。

グラーブ・ジャームン｜GULAB JAMUN

インド・パキスタン・バングラデシュといった国々以外にも、ネパールではラルモハンと呼ばれインド亜大陸全域で広く親しまれている菓子。こちらもコヤをベースとする。粉末にしたコヤにマイダー及びベーキングパウダーを加えた生地（ドウ）を球体に整形して揚げ、砂糖やカルダモンで味付けした甘いシロップに漬けこんだもので、その強烈な甘みが日本人にとって衝撃的ではあるが、慣れると徐々にその衝撃を欲するようになってしまう。

ラッシー｜LASSI

いまや日本のインド料理店の定番ソフトドリンクとなったラッシー。とはいえこちらも定番となった感のあるマンゴーラッシーはインドではほとんど見かけない。チーズナーン同様、日本独自に進化したインド料理アイテムといえる。北インドやパキスタンでも広く飲まれており、各地で味わいや濃度、容量やグラスの形状が異なるが、乳製品の本場パンジャーブ州の街に行くととりわけラッシーを飲ませる店が増える。パキスタンのラホールでは朝にハルワ・プーリーを食べた後、食後にチャイではなくラッシーを飲む習慣もあるという。電気攪拌機で攪拌したラッシーを、600～700ミリリットルほども入りそうなステンレスのグラスになみなみと注ぎ、ダヒー（ヨーグルト）を製造する時に出来るマライ（凝固したクリーム状の表面膜）をひとかけらトッピングしてくれる。現地や日本の一部パキスタン料理店では砂糖入りの甘いラッシーだけでなく、塩やクミンを効かせた甘くないラッシーを飲ませるところもある。

ジャレビー｜JALEBI

インド・パキスタンだけでなくネパールではジェリ、バングラデシュではジラピと呼ばれ、広くインド亜大陸全土、あるいはさらに西方でもポピュラーな菓子。マイダー粉をベースにした生地を先端部に穴を開けた布から輪を描くようにして油に落として成形し、甘い砂糖シロップをくぐらせて完成。国内のインド食材店にもパック詰めされたジャレビーが売られているが、他の菓子と違ってジャレビーは揚げたてのアツアツが美味しい。従ってレンジでチンが理想である。北インドの菓子屋では特に朝の店頭での揚げたてが最高で、硬い外皮を噛むと出てくるゲル状の中身とそれにまとわりつく油の味、あふれ出るシロップの濃厚な甘味が相まって恍惚となるほどの美味。この食感を楽しむためにはある程度の「太さ」が必要で、あまり細いジャレビーは楽しめない。

都内で楽しむベンガルの美味

毎年4月、ベンガル暦の正月とされるポイラ・ボイシャキ（ボイシャキ月第一日目）を祝うお祭りがインドやバングラデシュはじめ世界各国のベンガル人の間で開催される。日本でも在日ベンガル人団体によって池袋西口公園で毎年開催されていて、歴史あるイベントである。当日は新調した衣装を身にまとった在日バングラデシュ人が大勢集まりステージではベンガル語の歌や踊りが繰り広げられ、様々な趣向を凝らした模擬店や食べ物屋台が出て大変な盛り上がりを見せている。食べ物屋台ではナーンやカバーブといったイベント映えするムスリム料理も多く出される一方、パンタバートなどベンガル特有の料理が売られているのが興味深い。

パンタは「水をかけた」バートは「ライス」を意味するいわゆる水かけごはん。冷蔵庫が普及していないような農村部では、今でも前日の残りご飯を水に漬けて保存し翌朝食べられる。適度に水で冷えて清涼感ある口当たりがあり、また蒸し暑い季候によって微量の発酵が進むため、普段酒を飲みつけていないムスリムなどは若干酩酊するらしい。おかずは塩と青唐辛子、せいぜいボッタがある程度で決して華やかな食事ではなく、むしろイメージとしては田舎の質素な食事であり、暑い時期でもサラサラと食べられ、農作業などの力仕事には向いているという。ポイラ・ボイシャキで食べられるのはもちろんこうした質素なものではなく、ナス、ジャガイモ、豆類などの様々なボッタ、イリシィのフライに青唐辛子が添えられた非常に豪勢な祝膳となっている。

祝膳としてのパンタバートは実は歴史が浅いという。なぜ華やかなパンタバートがポイラ・ボイシャキで食べられるようになったのか。元来ポイラ・ボイシャキのような祝いの場ではイリシィのフライなどの美味しいご馳走や甘い菓子を食べるという習わしがあり、その際合わせるのは当然白いごはんだが、特にこの時期のバングラデシュは暑季のため冷たく清涼感ある水かけごはんが求められたのではないだろうか。尚、詳しくは後述するがインドのベンガル地方からバングラデシュにかけての一帯に居住するベンガル人は大まかにゴティと呼ばれる代々コルカタ周辺に居住してきた人たちと、バンガルと呼ばれるコルカタ以外の地方を出自とする二つのベンガル人に分かれるが、このうちポイラ・ボイシャキを盛大に祝い、この日パンタバートを好んで食べるのはバンガルの人たちで、実はゴティの人たちにはそれ程一般的ではないという。

特別料理であるパンタバートは基本的にレストランの外食メニューにはないが、事前にリクエストすれば応じてくれるベンガル人オーナーは少なくない。そう思って見渡してみると、ここ数年で都内を中心にバングラデシュを看板に掲げる料理店が増加している。「確かにそのように見えるが、実はインド料理の看板を掲げていたバングラデシュ人経営者は元々一定数いたので、実

錦糸町アジアカレーハウス店内

質的なバングラデシュ人経営者人口はそれほど変わらないのではないですか」と新井薬師前でシックダールを経営するハサンさんは分析する。もちろんシックダールでもパンタバートを食べることが出来る。パンタバート以外にも、シックダールのメニューはバングラデシュ色豊かである。元々学生として来日したハサンさんも他の来日ムスリム同様、当初は食べる物に苦労したという。都内の日本語学校に入るため来日したハサンさんはそれまでほとんど調理経験がなく、当初は電話でお母さんや周りの先輩たちにレシピを聞きながら自宅で料理を始める。それがやがて日本の居酒屋で働き、自らが腕をふるうバングラデシュ家庭料理店のオーナーになってしまうのだから人生はわからない。彼のように、本来は別の目的で来日した、特に調理技術もない人たちが紆余曲折を経て自らがオーナーシェフとなるケースは少なくない。彼らの料理は元々調理の仕事を長く続けてきたコックビザを持つ人たちより往々にして美味しい。その店や仕事に対する思い入れの強さなどによるものだろう。当初は焼鳥屋を考えていたシックダールには豊富な焼鳥メニューの他、数種のボッタや魚や肉のカレーといったレギュラーメニュー、イードやボイシャキなどその時々のバングラデシュのイベントをモチーフにしたスペシャルメニューでお客を魅了している。店主の人柄を反映させたかのような一品一品は丁寧でとても滋味深い。

錦糸町界隈もまたバングラデシュ料理の店が多くある。2014年オープンのアジアカレーハウスはカウンター5席のみの小さな店だが、チニグラ米を使ったビリヤニや様々な素材の魚、ビーフ、チキン料理の本格的な味わいが話題となり、その美味しさと店の狭さ、怪しげな周辺環境などが雑誌やテレビの格好の取材対象となったことでさらに客足を伸ばした。二匹目のどじょうを狙うがごとく瞬く間に同様の本格的バングラデシュの外食スタイルを提供する飲食店が錦糸町に増えた。アジアカレーハウス同様深夜営業もしているが、それはこうした店の主要客層が錦糸町内で外国人パブなどを経営しているバングラデシュ人オーナー、または客引き（両方を兼ねている場合が多い）だからである。こうした中、特に内装なども外国人パブ感が強いのがバングラ・タンドリー・アンド・バーで、よく見ると同じ雑居ビルの2Fには同じ経営者の外国人パブが入っている。料理は日替わりで肉または魚などのメインのおかずの他ダルやトルカリなどが付く。チニグラ米を使ったビリヤニが出る日もある。酒も置いていてあるが、従業員たちはムスリムであるため酒の扱いに慣れておらず、水割りを頼むと異様に濃かったりするのもご愛嬌である。

さて、これまでバングラデシュの料理を見てきたが、ベンガル料理とはバングラデシュの料理だけを指さない。インド側の西ベンガル州を中心に北はアッサム州、南はオリッサ州の一部をも含む広大な地域はベンガル料理文化圏と呼ぶべき一帯だが、その内西ベンガル州の特にコルカタなどに伝統的に住む人々をゴティと呼び、現在のバングラデシュ側から独立戦争などの際に流入してきて、元々インド領内でも東部ベンガルなどを出自とする人たちはバンガルと呼ばれる。ヒンドゥーやムスリムといった宗教的な分け方ではなく単に出身地域の差によるもので、同じベンガル語を母語としながらも発音や呼び名が違い、食材や嗜好、料理そのものも異なる。このようにベンガル料理は「西ベンガル＝ゴティ」料理と「東ベンガル＝バンガル」料理に大別出来るといえる。そして現在都内に増えるバングラデシュ料理店は主としてこのバンガル料理に分類されるものである。では両者はどのように違うのだろうか。

まず、ゴティでは魚や野菜など様々な料理に使われるポスト（ポピーシード）がバンガルではほぼ使われない。〇〇ポストといったメニューは典型的なゴティ料理であるが、バングラデシュ人は食べないという。またバンガルの人たちに好まれる乾燥魚（シュトキ）もその匂いの強さからゴティの人たちには好まれないという。ボッタ、ボルタといったバンガルの代表的な料理もゴティではそれほど一般的ではないという。バンガルでのアル・ボッタはゴティではアル・セット、ベグン・ボッタはベグン・プラなどと呼ばれる。マスタードのペーストをコーティングしてバナ

バングラ・タンドリー＆バー提供のセットメニュー

ナの葉で包んで蒸し焼きにするパトゥリという料理はバンガルで一般的ではない。バングラデシュ料理店でメニューとなっているのはほぼ皆無である。料理の味付けも違い、ゴティの人たちは砂糖を調味料の一つとして使うのに対しバンガルは多用しない。このように、より手の込んだ、より複雑な手順を踏まえるのがゴティ料理、よりシンプルでストレートなのがバンガル料理であるといった印象が見えてくる。ちなみにこうしたゴティの料理を都内で味わえるのは町屋のPujaなどまだ限られている。

イリシィという魚はゴティとバンガル双方で好まれるが、鹿児島のルポシ・バングラのイクバルさんによるとバングラデシュを流れる河の水深がインド側より深いため、それだけイリシィが太りやすく味も良いらしい。こうしたことも一因なのかバングラデシュ人はイリシィを好み国民魚と言われる。一方ゴティの人たちはイリシィも好むがエビ（チングリマーチ）も好む。大小様々なエビが食べられるが、中でもダーブ・チングリというココナッツの実の上部を開口させ頭からエビをぶっ刺した外食料理は大変フォトジェニックである。

世界に散らばるインド人コックの排出地帯として、北インドのガルワールと並び最も多くを排出する西ベンガル州からオリッサ州にかけての南部西ベンガル州一帯。日本でも大体インド人のコックというとこの二つの地域の出身であることが多い。そして多少の例外はあるが、ガルワール出身者はヒンドゥー、西ベンガル出身者はムスリムが多い。

江東区大島でマハラニを経営するサディックさんもまさにこうした南部西ベンガル（西ベンガル州 Purba Medinipur 県）出身のムスリムのひとりである。彼の出身地周辺は特に多くのコックを輩出する土地柄で、インド料理店で働いているコックさんに出身を聞いて「コルカタ」と答える人でもよくよく聞いてみると南部西ベンガル出身である場合が少なくない。サディックさんは故郷を出てまずチェンナイに向かい、数年下働きなどを重ねて仕事を覚えていったというが、彼同様に一時チェンナイやバンガロールなど南インドの大都市で経験を積んだのち中東や東南アジア、日本などに渡航するコックは多い。「東インド→南インド→海外へ」というルートがある種の定番のようであり、彼らの中にドーサやワダ、ミールスを作れたりする人がいるのもこうした理由による。ちなみに北インドのガルワール出身者は通常こうしたルートは辿らず、多くはデ

西大島のマハラニのパンタ・バート

リーの飲食店で勤務し、そこから直接来日するケースが多い。そのため南インド料理の調理経験を持つガルワール出身者はほとんどいない。

南部西ベンガル出身のムスリムの帰属意識はベンガルではなく北インドであるようで、自宅で家族と話をする場合は極力ウルドゥー語を使う（とはいえところどころベンガル語も混じる場合もある）。コルカタで特徴的なパトラやダーブ・チングリなどの料理はサディックさんに言わせるとヒンドゥー教徒の料理であり彼らムスリムの間では一般的ではない。来客時はムスリム式に肉で歓待するという。バングラデシュのレストランでもビリヤニ、プラオ、レザラ、ブナといったムガル帝国時代以降に発展したメニューが主流で、外食や祝宴などの場ではこうしたご馳走料理が出される。バングラデシュ出身のムスリムコックたちもこうした料理を作ることに慣れていて、都内の多くのバングラデシュ料理店で食べられるメニューは基本的にはこうした料理である。このように同じベンガルでもゴティやバンガルという大きな地域差がある一方で、地域的には離れていても同じムスリム的な外食料理という点で西ベンガルとバングラデシュが国境をまたいで共通するのは興味深い。

インドネパール料理店の謎

ネパール人経営によるインド料理店、いわゆるインドネパール料理店が巷に増殖して久しい。都内では周囲にインドネパール料理店の無い駅を探す方が難しい状況ですらある。一体なぜここまで増殖したのか。これだけ増殖して果たして儲かっているのか、それとも他に何か目的があるのか、料理はどうなのか…。日頃インドネパール料理店と接してふつふつと湧きあがる疑問を、改めてその筋の方々にぶつけてみた。

ビジネスビザの取得

飲食店に限らず日本国内で商売をしようとする外国人は日本人の配偶者、永住権の所有者などでない限りビジネスビザ（投資経営ビザ）を取得するのが一般的である。ネパール人の場合、多くは飲食店でビジネスビザ申請をする。申請にあたり、まず物件の手筈を整えたのち、次は営業するためのコックを雇わなければならない。比較的日本国内には調理技能ビザを持ったネパール人は多く、情報ネットワークも密なため、技術を問わなければコックの確保は容易である。さらにこうした店舗とは別に、事務所を設け法人登記しなければならない。看板や内装などの工事をし、食器や厨房機器を導入してメニューを作ったのち、ようやくビジネスビザ申請となる。日本語の提出書類も多いので、申請には行政書士などに手続き代行を依頼するのが一般的である。運営実態を証明する店舗や事務所も四方八方から撮られた写真の添付が必須だという。ビザが下りるのは申請後約1か月半。このようにネパール人が飲食ビジネスを始めようとする際、日本人に比べて莫大な諸費用や労力が発生していることがよく分かる。

開業資金はどのように調達しているのか

このように開業時に多大な労力が発生するインドネパール料理店だが、雨後の竹の子のように日本各地で増殖中である。保証金、工事代、造作代などの物件取得費、ビジネスビザ申請などにかかる代行手数料などモロモロの初期投資が必要である。共同経営の場合資金は複数によって出資されるが、特に学生上がりの単独経営で資金捻出が困難な場合、主として故郷の親族に借りるケースが多いようである。かつては同郷の仲間内で貸し借りをする習慣があったが、回収時のトラブルが増えたため廃れたという。最近はネパール系国際送金屋を至るところで見かけるようになったが、このように必ずしも日本で稼いだ金を故国に送るだけでなく、故国から日本へと仕送りや運転資金などが送られることも多いのである。決して安くはない開業資金を故国からポンと

ベーシックなグレービーの調理風景

送ってもらえるその経済力には驚かされる。

物件はどのように探すのか

日本人の不動産業者が介在する場合もあり、最近ではネパール人の不動産斡旋業者も出てきている。これだけ来日するネパール人が増加している訳だから当然需要も拡大している訳である。日本人の業者がネパール人の営業社員を使っていることもあり、こうしたところから新規物件を斡旋してもらうケースもある。また、口コミも多く、よくネパール人経営者から「売れないから店を売った」とか「新しい店を買った」という言い方を耳にする。これは実際に不動産物件を売り買いしている訳ではなく、今まで経営していた店の引き継ぎ先が見つかったり、別のネパール人から居抜きで引き継いで店舗を経営出来る状態になったことを意味する場合が多い。こうした仲介にも日本人業者が絡んでいる場合がある。

居抜き店舗の店名が、元あったものから微妙に変えられて新規オープンする場合がある。例えばナマステという店がニュー・ナマステになったりする場合など。これは新たにお店をやる、というある種の意思表示であって事実上店名はビジネスビザ申請には関係ない。大家との賃貸契約書には当然立ち上げた会社名で契約していることが記載されていなければならないが、店名は新規である必要はない。だから中には経営者が変わっても全く同じ店名・同じメニューのまま営業を続けるところもある。しかし、おそらく気分的に自らの店であることを示したいオーナーもいて、とはいえ全面的に店名を変えてしまうとチラシやメニュー、看板など一から取り換えなければならないので、元来あった店名に「ニュー」など付けて極力工賃をかけずに店名変更するというある種の苦肉の策を取るオーナーも中にはいる（もちろん頭に「ニュー」がつく全ての店名がそういう訳ではない）。

工事はどのようにすすめるのか

ネパール人経営の店舗工事の多くは当初、飲食業・食材販売業・各種建築工事業という幅広いビジネスを展開するパキスタン人経営の工事会社が行っていた。ここの工事部門で働いていたネパール人たちが、習得した技術をもとに独立し自分で会社を興していき、他にも日本人の建築会社で現場仕事をしていたネパール人などが複数独立し、ネパール人経営店の増加と共に工事業者も増えている。

長年厨房作業をしたのち独立しようとするコックには日本語が上手くない人が多い。厨房では日本人と話す機会はないからである。彼らが新規開業しようとする時に立ちはだかるのが言葉の壁である。日常会話すらおぼつかないのに専門用語の多い日本人工事業者との打ち合わせは困難を極める。そうした中、ネパール語でやり取り出来るネパール人工事業者の増加は歓迎される。

さて、実際の工事の過程を見ていくと、ガス管や水道管が外部露出していたり、必ずといっていいほどミニバー・カウンターがついていたりと通常の日本の店舗工事ではあまり見られない特徴がいくつか目につくが、何といっても目をひくのは壁のオレンジ色である。多くのネパール料理店の壁面がオレンジまたは朱色でペイントされている。一体なぜこの色なのか。疑問に思って聞いてみるとネパールではこうした色は吉祥を表すという。とはいえ全面的にこの色が使われている内装をカトマンズ市内のレストランであまり見た記憶がないが、それでもある種のネパールを特徴づけるカラーとのことで、新大久保の有名店を始めとする初期のネパール料理店内装建築に於いてこのカラーが採択されて以降、テンプレートのようにネパール人工事業者によって拡散されている。

料理についてのこだわり

キーワードのようにインドネパール料理店を象徴する料理がいくつか存在する。まずはカレー

典型的なインドネパール店のセットメニュー

のベースであるグレービー（ソース）の仕込みから見ていきたい。代表的なメニューとしてはバターチキン、サーグチキン、チキンカレー、キーマカレー、野菜カレーなどが主なものであろう。これらのカレーは大まかに以下の3つのグレービーがベースとなって作られる。

①野菜・チキンカレーのグレービー
②バターチキンのグレービー
③サーグカレーのグレービー

これらのグレービーは必ずしも毎日作られるものではなく、週の内比較的客足が少ない夜などの時間帯を見計らって大量に作られ、冷蔵庫に貯蔵される。それぞれの配合は店により差があるが、基本的に①のベースとなるのはタマネギである。例えばこのグレービーを作る作業時間を8時間だとして3時間ぐらいはタマネギの下処理をしている。この作業が一番大変だという。仮に50キロのグレービーを作る場合、タマネギ約10キロ、業務用ホールトマト缶7～8缶、カシューナッツペースト約1キロ使用する。また②にはタマネギは入れないのでコスト的には一番高い。このようにして大量に準備されたグレービーは缶などに小分けされて保存され、その日に使用される分がガス台脇に置かれる。注文が入るとグレービーの入った缶からお玉ですくい、フライパンに入れて水で伸ばしてカレーが完成する。3つのグレービーの配合比率は様々で、単体で使用する場合もあれば、①に②を混ぜたりして使用する場合もある。

こうしてカライ皿によそわれたカレーの仕上げには表面に生クリームが円形に回しがけされる。生クリームは先端のとがったプラ容器に移し替えられて弧を描きやすいように工夫されている。バターチキンの場合、インドではドライのカスリメティや生のダニヤ・パッター（コリアンダーの葉）がかけられることもあるが、インドネパール料理店では細かく刻まれた万能ねぎがパラパラかかっている場合が多い。

甘味を感じさせる大きいナーンもインドネパール料理店を象徴するアイテムである。都内のインドネパール料理店の多くは主に大田区の食材卸業者から日清カメリヤなどを仕入れ、卵や砂糖、ベーキングパウダーを加えてふっくらと仕上げる。よく言われるように、特にインドのナーンはここまでふっくらしていない。これはインドで作られるナーンには日本で使用されるほどの卵やベーキングパウダーなどが加えられていないからである。このため仕上がりは比較的固いが、それが元来のインド人の嗜好に合わせたものなのかどうなのかは判断が分かれるところである。インドでのタンドール経験者が来日して日本のナーンをチェックすると「こんなに卵や砂糖を入れるのか」と驚くという。ナーンはインドでは通常一枚のままではなく、あらかじめ数片にカットされて提供される。一方日本の場合はナーンの大きさも一つの店側のセールスポイントであるためバスケットからはみ出さんばかりのサイズ感で作ることが多い。最近はこれのナーン生地にとろけるチーズを内包させたチーズナーンも人気メニューとなっている他、あんこや明太子ペーストを入れた日本独自のナーンがどんどん進化中である。特にチーズナーンはいまやインドネパール料理店ならば欠かせぬメニューアイテムとなっている。

また、オレンジ色をしたサラダドレッシングもインドネパール料理店の象徴的なアイテムである。店に入り着席するとほぼ１００パーセント、オレンジ色のサラダドレッシングがかかった、キャベツの千切りを主体としたサラダが出される。このサラダドレッシングはどのように配合されているのか。ベースになるのはニンジンである。場合によってはパプリカやケチャップも使われる。そのベースにタマネギ、ニンニク、酢、塩、砂糖などが適量加えられ、ミキサーにかけられて出来上がる。現地インドやネパールではこのようなサラダが食前に出てくることはない。あってもスライスされた生のタマネギか大根と塩ぐらいのものである。

飲食店で楽しむアート鑑賞

飲食店である以上、味が最重要であることに疑いの余地はない。しかし店の価値は決してそれだけではない。接客や価格や内外装や雰囲気、これらがトータルに相まってその店の魅力を生み出す重要な構成要素となる。中でも内外装はそれだけでその店を訪問する動機づけになり得る、味と同等かむしろそれ以上に重視されてしかるべき重要なファクターなのではないだろうか。ここではそんな店の雰囲気を作り出す内外装やメニューデザインなどを飲食店特有のアート世界として捉え、その魅力をつぶさに鑑賞していきたい。

建築アート①《技巧系》

お客を迎え入れる飲食店である以上、程度の差はあれどこも内外装を整える。たとえ以前に営業していたそば屋の居抜きのままの設えであったとしても、それはその状態でＯＫだという判断が働いたからであって、内外装に全く無頓着であるということには当たらない。一方、それとは真逆に現地から持ってきた調度品や内装具でぎっしりと店内を埋め尽くすオーナーもいる。こちらもまたオーナーのこだわりぶりを反映させた世界であり、訪れるものを魅了する。中には私設美術館かと見まごう力作に出会うこともあり、その技巧派ぶりに食事をする手が止まるほどの店すらある。

バルピパル（西小山、目黒）

技巧派リアリズム的内外装は、ネパール系だと特にネワール族の人に顕著な傾向である。ネワール族たちはとりわけこうした美意識が強いことの表れであろう。ネワール族の店に入るとたいてい目に飛び込んでくるのがネワール語でアンキジャルと呼ばれる木製の緻密な彫刻が施されたネパールを代表する工芸品で、現在でも寺院などの窓枠などに見ることが出来る。アキンジャルはほぼ全てのネワール族オーナー店で見ることが出来るが、仮にバルピパルのように大掛かりなものが調達出来ない場合でも、小さなレプリカやポスターなどで壁面が装飾されている場合が多い。こうした木製工芸を担う職業をシカルニー、金属工芸を担う職業をナカルニーと呼び、特にサキャと呼ばれるカーストの人々が仏像などの金属工芸の仕事をしているという。バルピパルでは真鍮製のターラー（ドアノブ）も凝った金属製が使われている他、オブジェのように陳列されている真鍮製のカソリ（おひつ）、コラ（ロキシー用のグラス）、カルワ（水差し）などは全て実用品である。他に店内至るところにネパールから持参した木製工芸がセンスよく組み込まれて

真ちゅう製の食器に盛られたバルピパルの美しいダルバート

至るところネワールの調度品が光るバルピパルの店内

大塚カスタマンダップ入口の装飾

壁一面にネパールの民芸品が陳列されたカスタマンダップの店内

いてお客を魅了している。

カスタマンダップ（大塚）

新大久保界隈で格段の人気を誇るネパール料理界の両雄、ナングロ・ガルとアーガンという2大人気店それぞれでメニュー開発から内装用の装飾品や調度品の取り寄せなどを担当したメインシェフ・ナレシさんの本格的ネパール料理が味わえる店で、廉価のダルバートもあることから学生を中心に常時店内はネパール人客で混み合っている。ビルの5Fがまるまるワンフロア店舗となっているが、エレベーターが開くとまず巨大なストゥーパ（仏塔）に驚かされる。きちんとネパールの寺院にましましているように賽銭まで置かれているリアリズム。隣にはこちらも巨大なバイラヴ神像が鎮座していて迫力充分。ここまで大掛かりなものはもはやデザインというよりアートとしか言いようがない。

アーガン（新大久保）

アーガンの内装も凝りに凝っていて、入り口を入るとまず目に飛び込んでくるのが渋く輝く真ちゅう色の巨大なストゥーパ。ネパール文化を象徴するモニュメントであり、カトマンズの寺院ではごくありふれたアイコンだが、よもや日本国内の飲食店で出会うとは思わない。しかし何といっても出色なのはレプリカのチュロ（かまど）で、開口部には本物の薪がくべられ、内から赤い火が上がっているところまで微細に再現している芸の細かさ。チュロの柔らかい火で作られた料理はネパール人の琴線に触れるものがあり、特に異国の地にある彼らにとって望郷の念と味をかき立てる。壁にはネパールの田舎の民家で見られるような食器棚があり、真ちゅう製の食器類がずらりと陳列されている。

レッサムフィリリ（高輪）

こちらもまるで美術館のような内装に圧倒される。オーナーのビスワカルマ氏はエベレスト街道のオアシスとして名高いナムチェバザールの出身。このビスワカルマとはインド・ネパールではあらゆる物を作り出した造物主の名前でもあり、工芸を生業とする人たちを中心に毎年9月17日には祭りも行われている神格である。こうした背景からか店内は細密な工芸品で埋め尽くされている。まず入り口手前のデッキ内には数個のマニ車がきちんと回せるように埋め込まれている。マニ車はチベット仏教で回転させた数だけ経を唱えるのと同じ功徳があるとされる法具。微細な彫刻が施された木製の巨大な窓枠が店舗前面を覆っていて、これは地元ナムチェバザールで作らせたものを職人ごと招聘して設置工事をしたという。店内にも見事な木造彫刻がある他、畳にして2～3畳はあろうかという巨大なタンカ（仏画）に圧倒される。天井からはシャンブーと呼ばれるカラフルな飾り布が四方から垂らされ、四隅にはゲルチェンと呼ばれる布飾りがぶら下がっている。厨房出入り口にもチベット風カーテンで仕切られその柄ももちろんチベット風。

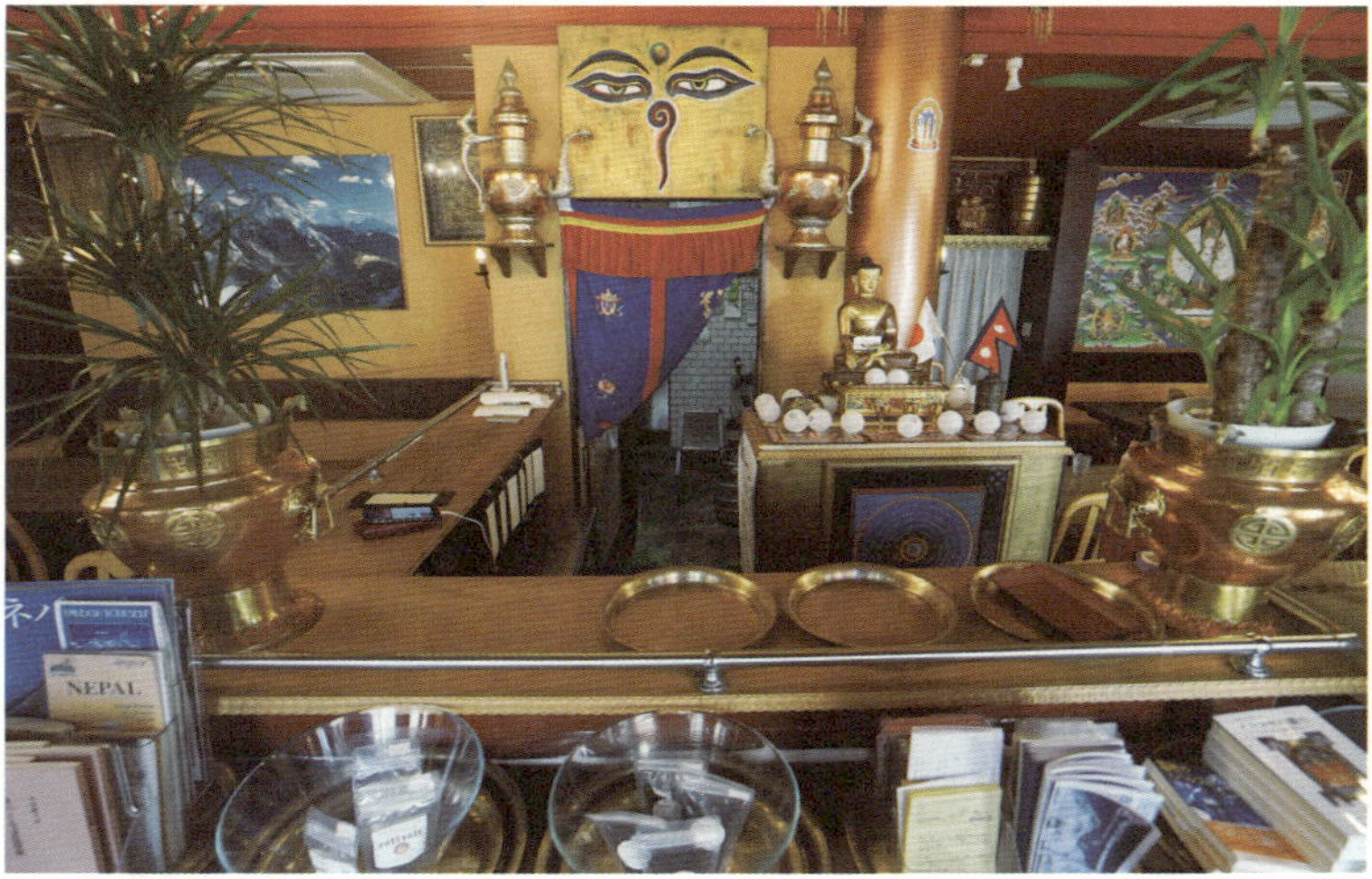

高輪レッサムフィリリの店内

高輪レッサムフィリリ外観

建築アート②《自然系》

技巧系で紹介したようなリアルな造形美はオーナーさんたちの努力の結晶である。重量のある木製テーブルや彫刻の施された窓枠などを苦労して故郷から送り、通関して組み立て工事をして店内に収める。このようにしてこれらの店舗のリアルな造形美は初めて完成するのだが、一方でこうした狙いはないのに妙にリアルな現地の食堂感を漂わす店が存在する。インドやネパールの裏通りあたりにいかにもたたずんでいそうな内外装。居抜きで入った店舗を流れるままに手を加え、使っているうちに自然と店内がインドやネパールに寄って行ったというところなのだろうか。オーナー自身の意図とは別ににじみ出てしまう個性、作為性の無さがまた、飲食店アートとしての言いようのない魅力を醸し出す。

ブルームーン（下妻）

まるでインドに来たかのようなリアリズムな外観に驚く。手が加えられたのではなく放置されたことで輝きを増すという、狙っても作り出せない無作為性。経済成長著しいインドではむしろ失われつつある古き良きインドの場末感が濃厚に漂う。勤務するのもグジャラート出身のムスリム女性で、そのドゥパッター（サルワール・カミーズにセットになっている肩掛け布）で頭を覆って料理する姿や接客も含めてこの雰囲気を国内で味わえるのは貴重である。

下妻ブルームーン外観

下妻ブルームーン内観

カシミール（射水）

有名料理雑誌に取り上げられたことで全国にその存在を知られるようになったカシミールの味のあるプレハブ店舗。大型車も多く行きかう国道8号線に、人を寄せ付けないかのような孤高のたたずまいはまさに富山パキスタン世界を象徴するかのようなアイコンとなっている。地元の人に言わせると今のプレハブ店舗は改装されたもので、かつては今以上にプレハブ感の強いプレハブだったという。同系列の愛知県弥富市にあるインターナショナルビレッジもまた、郊外の閑散とした平地に中古車のヤードを思わせる鉄板の高い壁が正に日本に於けるパキスタン人のたまり場感を醸し出していて、つくづくそのセンスの素晴らしさには脱帽する。

壁画アート

インドやネパールを旅すると手書きのポップや店舗看板、ブロック塀の広告、ガラス窓のペンキ文字などをよく見かける。コンピューターや印刷技術の発達で写真や印字されたこざっぱりとしたデザインに置き換えられつつあるが、またまだ街中は味わい深い手書き絵とポップにあふれている。なかなか日本国内ではお目にかかれないと思っていたところ、わずかながら手書き壁画のある店を見つけた時には小躍りしたものである。現在確認出来ている所では、元々故郷で手書き看板を仕事していたという経歴を持つ二人のネパール人コックが都内に存在し、彼らによって

射水カシミール外観

射水カシミール内観

主に勤務先などの壁面に描かれたものが鑑賞可能である。独特の手グセのようなタッチは日本人には真似しようとしても出来ない深い魅力を醸し出す。

クシバザル（蒲田）

JR蒲田駅西口のロータリーを渡ると、中国物産や風俗店が雑居する迷路のようなビルの6Fにいかにもスナックの居抜きといった佇まいで営業しているクシバザル。ややカオスな環境だが、入店すると気さくなビクラム店長の優しい接客に癒される。店内は品揃えの豊富な食材販売コーナーもあり、ショッピングだけでも訪問可能。そんな店内の目立つ一角にドーンと巨大な壁画が忽然と現れる。絵の内容はいかにもネパール人が好みそうな田舎の風景。描いた人は地元ネパールでこうした仕事の経験も持つコックさんだという。絵の右隅に連絡先が描かれているので気になる方はコンタクトすることも出来る。

ナタ・タカリバンチャガル（大森）

残念ながら現在この店はない。オーナーが代わって同じ場所にサーランギーという名の、やはりネパール料理店になっている。しかしナタ・タカリバンチャガル当時の壁画があまりにも素晴らしかったことと、その壁画を描いたコックがまだ現役でこの店で働いていることからこの店を紹介したい。元々広告絵描きの仕事をネパールでしていたというタカリ族のコックがオーナーに

クシバザルの雄大な壁画

依頼されて店内を埋め尽くすように壁画が描かれていた。現在でもその痕跡は若干残っているので興味のある方は是非訪問されたい。尚、アジアハンターで使用しているイベント用のA看板も彼に描いてもらったものである。

メニュー、ボードアート

メニューもその店の持つ世界観の一端である。メニューはあくまでどんな料理を食べることが出来るかを知るための手段であって、それ自体が目的ではない。しかし中にはその目的が手段と化すようなユニークなメニューがあるのもまた事実である。無表情に料理名が羅列されているだけのものもあれば、手書きイラストがふんだんに入った、読むだけで楽しいものもある。外国人の手によるものなので時として間違った表記もあるが、むしろそうしたものの中にこそ我々日本人が狙っても表現できない斬新さ、非日常さがあって楽しい。

また、パキスタン料理店に行くとたいてい卓上で広げる通常メニューの他に、店の壁面に掲げられたホワイトボードにウルドゥー語またはアルファベット表記などで本日のスペシャルメニューやレギュラーではないメニューが記載されていることが多い。主にパキスタン人客や常連客に向けてのものだが、こうした手書きメニューがまた何とも言えない味わいを醸し出し、料理ではなく看板そのものをお持ち帰りしたくなる衝動に駆られる。手書き字は書き手をよく表すが、上手下手などという尺度では測りきれないこの手の表現はアートと言って差支えないだろう。

シックダール（新井薬師前）

絵心あふれた奥様ピンキーさんの手書きによるメニューが心温まる。通常出されるメニューブック、イベント時に出される特別メニュー、また手食の仕方案内などには幼少時にはコンクールで受賞し新聞にも掲載されたという得意のイラストがふんだんに入っていて、そのまま何時間でも眺めていたくなる。メニューは確かに手段ではあるものの、このメニューを鑑賞するためにこの店に足を運びたくなるような不思議な魅力に満ち満ちている。

カラチの空（八潮）

日本語堪能なジャベイド社長の接客、独特の内外装と絶品パキスタン料理にファンも多く、メ

新井薬師前シックダールのイラストメニュー

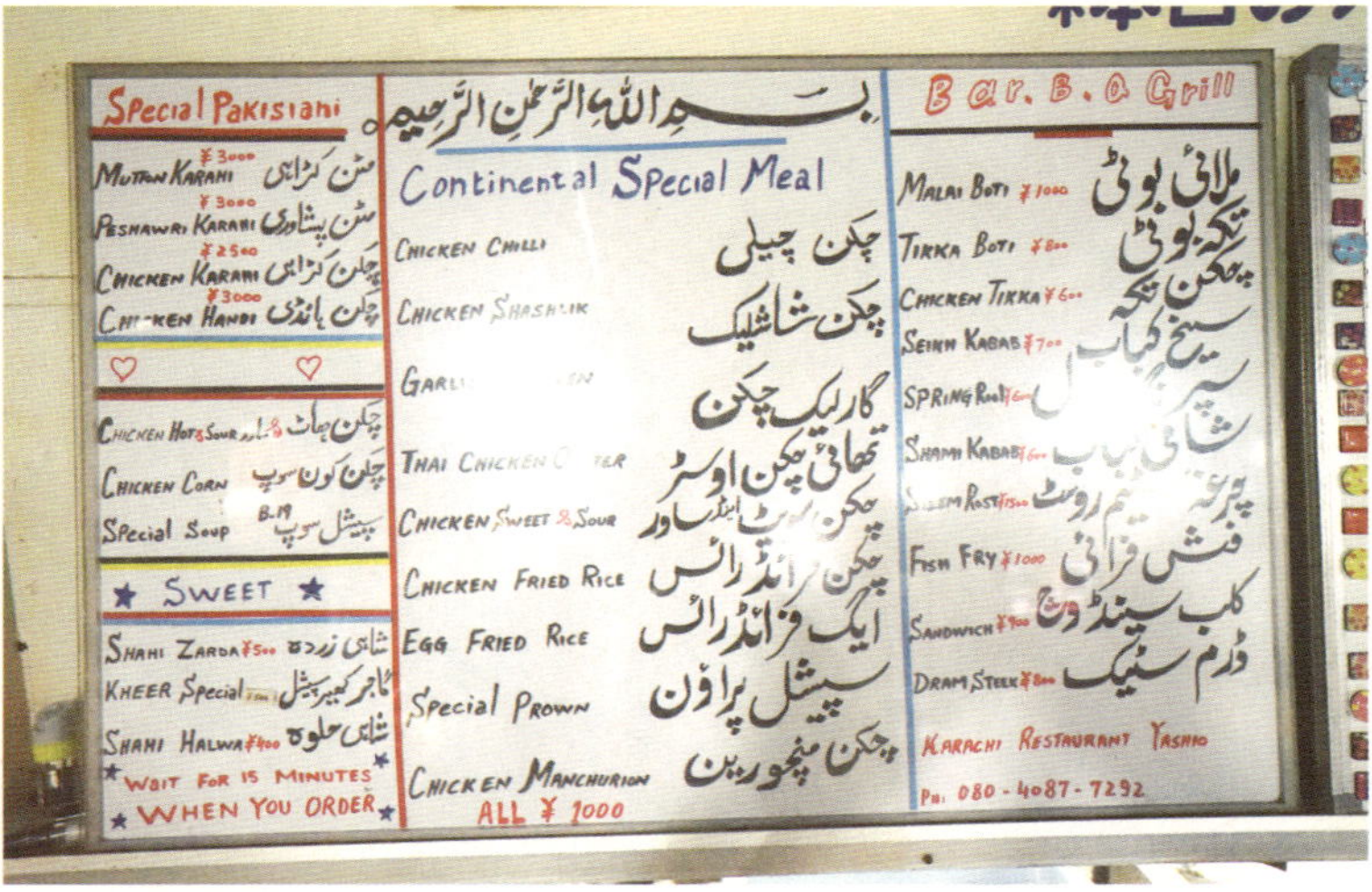

八潮カラチの空のホワイトボードメニュー

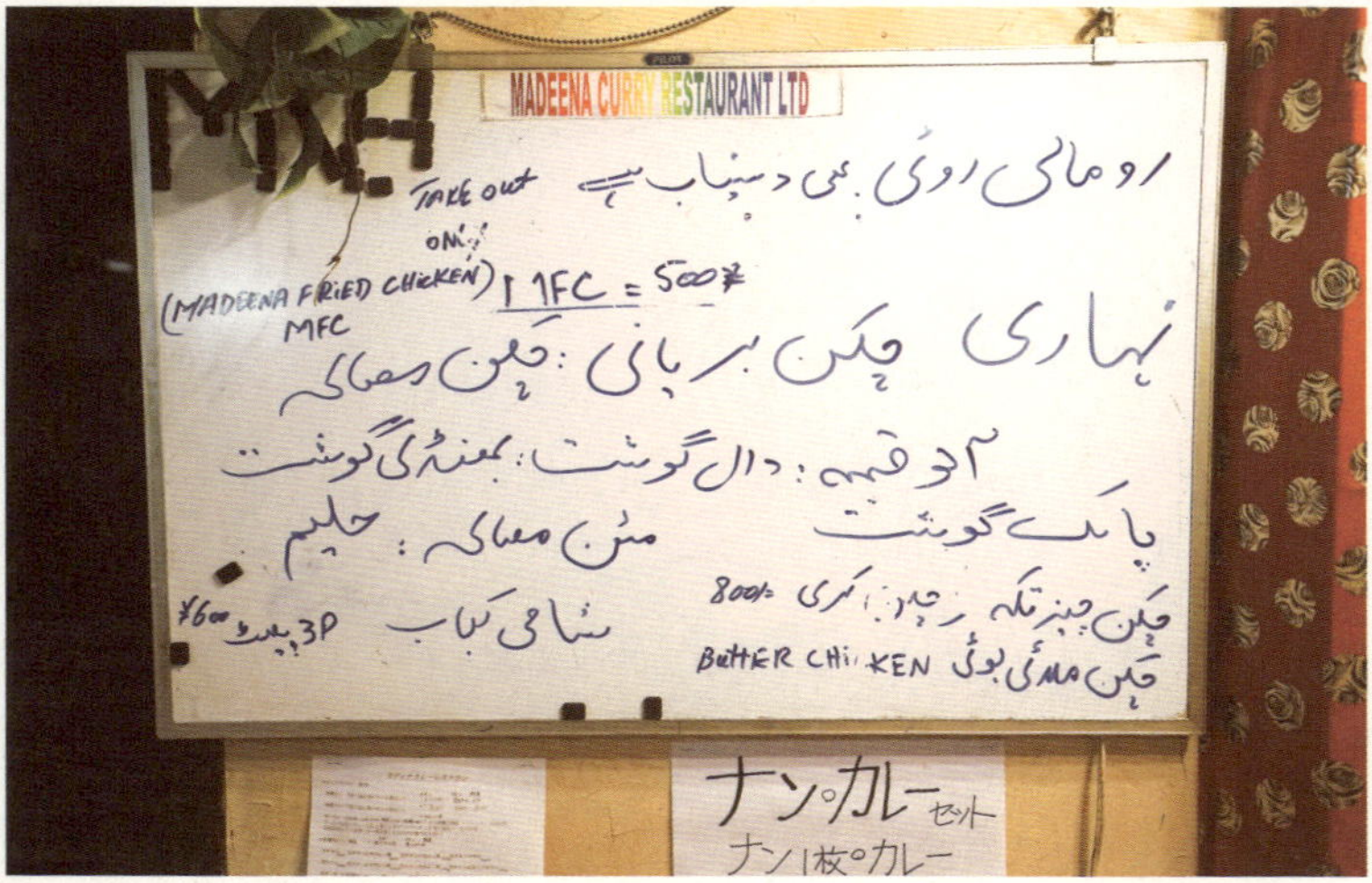

伊勢崎マーディナのウルドゥー語で書かれたホワイトボードメニュー

ディアに取り上げられることも多数。元々厨房近くに大きなホワイトボードがあって社長が丁寧に説明してくれるのがウリでもあったが、特に『タモリ倶楽部』に取り上げられてからは妙にその手書き文字がキレイになった感がある。

マーディナ（伊勢崎）

マーディナにも壁に大きなホワイトボードメニューがある。こちらは完全にパキスタン人対応。カタカナ表記はおろかアルファベット表記ですら申し訳程度に小脇に書かれている程度という、この意図していないとはいえ、日本人には非対応といった超然とした質実剛健ぶりが何とも魅力的である。

第3章
東日本に於ける
インド亜大陸

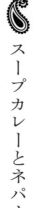

スープカレーとネパールカレー

北海道といえば、スープカレー。札幌に到着し、カレーで検索して出てくるのは圧倒的にスープカレー屋が多い。これは想定の範囲内。次にネパールカレーで検索してみる。するとどうだろう。大きなナーンに生クリームが回しがけされたカレーとオレンジドレッシングが降りそそがれたサラダという全国共通のよくある写真に混ざって、やはりスープカレーの写真がいくつも出てくるのである。つまり札幌（を中心とする北海道）ではネパール人の店でもメニューにスープカレーが置いてあるところが少なくないのである。

しかし、単にネパールカレーという検索ワードだけで出てきたお店が全てネパール人経営ではないようだ。札幌発祥のスープカレー屋のある種の特徴なのだろうか、サンスクリット語風のインド・ネパールを想起させるような店名を付ける日本人経営店が少なからず存在する。それが割とネパール人の付ける店名の響きと似ているため、店名だけ聞いてもオーナーが日本人なのかネパール人なのか判別しづらい店が複数あるのだ。この辺の境界線を念頭に置きつつ、いくつかの

札幌市のネパールのカレー屋さん外観

札幌市のネパールのカレー屋さんのスープカレー。作り手はもちろんネパール人

店を訪ねてみることにした。

日本人経営店の「ネパールのカレー屋さん」北18条店に入りスープカレーをオーダー。シャバシャバでコクのあるスープが白いごはんに合ってとても美味しい。柔らかく煮込まれた鶏のホロホロとした肉の味わいも格別。ここの総シェフ長のブサンさんはもちろんネパール人で、忙しい合間に話を聞くと「ネパールのカレーもシャバシャバだから技術的には難しくない」と言う。味も異なるし、おそらく製法や調理手順も異なるだろうが、言われてみれば確かに共通する点も感じられる。このように、ネパールカレーとの親和性からスープカレー店でネパール人が雇用されているのか、ネパールカレーを看板に掲げた日本人経営店が少なくない。お店にとってはスープカレー以外にナーンやタンドーリー・チキンといったタンドール料理で付加価値を高めることも出来る。「ネパールのカレー屋さん」という店名はより直截的だが、他にも「ネパールカレー」という表記をしている日本人経営店は道内にいくつか存在する。こうした特徴は他の地域ではあまり見られない。

小樽市銭函にあるスープカレー&インド・ネパールカレーSURYAに行ってみた。SURYAも札幌を中心に道内各所に支店を持つ日本人経営のスープカレーチェーン。この銭函SURYAも確かに3〜4年前まではその系列だったが、当時まだ学生だったネパール人がここを買取り、店名はそのままにして現在も営業中だという。道理でSURYA銭函本店とホームページに記載していた訳だ。なお、こちらのオーナーは現在道内でDIYOという名前の店を展開中で、この日は釧路店のオープン日とのことだった。他にやはり札幌から小樽に向かう国道沿いにネパールカレー&レストランSTARという日本人経営店があり、ネパールカレーやスープカレーを出している。一方、札幌市内にはアジアンスパイスダイニング・ビハニなどスープカレーも出すネパール人経営店も存在する。

こうした日本人経営店で勤務していたネパール人がやがて独立した際、スープカレーも取り入れた店にするという、ひとつの系譜が垣間見えてくる。郷に入っては郷に従えというネパール人の逞しい柔軟性によるもので、かつて都内の高級インド料理店で勤務していたネパール人コックが独立した際、それらのメニューをより廉価で提供し始めて現在のインドネパール料理店のひな型を形成したように、北海道に於いてはスープカレーを取り入れたネパール料理店という、ある種のひな型が形成されつつあるように感じられた。この北海道スープカレーとネパールカレーの相互に影響し合う混交ぶり、他の地域にはないユニークな進化を遂げていて今後の動向が気になるところである。

札幌のダワットカフェ

数年前に初めて札幌を訪問したときに、たまたま宿泊先の対面にあったのがダワットカフェだった。当然食器営業を兼ねて訪問すると、髭にキャップというムスリム然とした男性が優しそうな笑顔と共に迎えてくれた。カフェという店名と可愛らしい店の外観からまさかそのような人のお店だとは思わず、少し面喰いながらもテキパキとひとりで切り盛りするオーナーのカーンさんと流暢な日本語でお話しするうち次第に居心地の良さを感じる自分がいた。元々はニューデリーのコンノートプレイスにある旅行代理店に勤務していたというカーンさんは結婚を機に来日後、いずれ自分の店を持とうとパンやケーキを製造する会社に長年勤務。しかしようやくパン屋での修行を終え、独立して念願の店を持った頃になんと小麦アレルギーを発症してしまったという。このように大人になってから、しかも自らが仕事としようとする食材でアレルギーになってしまう場合があるとは驚きである。

しかし、それでもカーンさんは折れなかった。友人の勧めでカレーを作って出してみたら好評

札幌市のダワットカフェ看板

ダワットカフェ名物のビリヤニ丼

だったことから、レパートリーを増やし今ではビリヤニなども食べられる本格的なインド料理店に業態変更した。数年ぶりにダワットカフェを訪問すると以前に比べてよりカレー屋としての体制が整ったように感じられたが、それは他ならぬカーンさんの新たなる仕事への意気込みに他ならなかったのである。来日19年、以前に比べ髭には白いものが目立つようになったが、店内に流れるたおやかなムスリムの説法らしき音声が店名とは裏腹な厳粛なイメージを醸し出しているのは変わらない。ニコニコした顔でそんな苦難の歴史をサラリと語りつつ、ビリヤニ丼の美味しさも二割増しとなった気がした。

さて、保守的なインドでは家事の役割分担が日本以上に厳然と決まっている。インド人男性、特にムスリムが家庭の厨房で日常料理を作ることはほとんどない。もちろんカーンさんとて例外ではなく、仕事以外に日常的に台所に立つことはなかったという。ではどのように店のレパートリーを増やしたのか。お母さんへの電話である。80～90年代のネットがない時代、お母さんに料理の作り方を国際電話で教えてもらったというインド人、パキスタン人は多い。こうした中に、持って生まれた料理の才能が開花し、やがてお店を構えるようになったインド人、パキスタン人もわずかながら存在する。カーンさんもインドにいるお母さんや妹に電話してレシピを聞いたという。この手の「お母さんインスパイア系」とでも呼びたくなるインド・パキスタン料理の店は確かに存在し、その丁寧な姿勢の賜物だろう、その手の店の味はほぼ間違いない。カーンさんの料理もまたその系譜上にあるのである。

東北パキスタン料理紀行

山形の東北スターラとスルターン

山形にはその筋の人々に昔からよく知られたＪＡＹというお店があって、黙って素通りする訳には行かない。そう思って店の前まで行ったら定休日だった…。定休日の未確認は食べ歩く際に犯しがちな凡ミスであるが、逆にこんな時だからこそ本来行く予定の無かった店の美味しさを発見出来るのではないかとプラス思考に頭を切り替え、まずは寒河江市の東北スターラを訪問。オーナーは来日10年のフセインさんという、アーザード・カシミール州 Bagh という街出身のパキスタン人。飲食業と共に中古車輸出業も行っていて、特にお兄さんは関東圏で中古車ビジネスを主体でやっているという。地方のパキスタン料理店にありがちな、周囲ののどかな東北の田園風景が広がる中にポツンと浮き上がるようにたたずむ店舗。そのような環境ながらまもなく次の店舗を出すという話を聞いて少し意外に思ったが、パキスタン料理話をしているうちに現地風の一品を出してくれるようなホスピタリティあふれるフセインさんの接客姿勢が地元に受け入れら

天童市インドレストラン・スルターン外観

れているのだろうと思い至った。

夜は天童市のスルターンへ。オーナーのアムジャッドさんは東北スターラのオーナーと同郷出身の来日約11年目。大阪ハラールレストランのアバシィさんは来日後、銀座のガンダーラで働いていたというが、アムジャッドさんもまた閉店する数年前のガンダーラに入って働いていて、同時期に勤務していた訳ではないが同郷のアバシィさんのこともよく知っているという。広大な畑を持ち、店で出す料理にはふんだんに自ら収穫した無農薬野菜を使っている。来日して東京で約3年働いた後、当時知人だったパキスタン人がやっていたこの店を居抜きで取得。前オーナーの時は赤字経営で、山形に初めて来た当初は知り合いもいなくて、車の免許すら持っていなかったという。それが今や従業員はアルバイトの日本人含めて8人という大所帯に。主要幹線から外れた目立たない市街地にあるにもかかわらず、地元のお客さんがひっきりなしに入る人気店なのに驚く。先祖代々料理人の家系だそうで、腕と才覚のある人はどんな環境でも成功することを実感。

秋田のデラ

のどかな風景が広がる秋田市に忽然と現れるド派手な内外装のパキスタン料理店。ドバイのような中東の大都会に迷い込んだかのようなきらびやかな看板と照明、中に入ると反射材を多用したキラキラした内装。天井からはかなり高そうなシャンデリアがぶらさげられている。重厚感のあるテーブルとイスは全てパキスタンから輸入された一級品。のどかな秋田とはおよそ不釣り合いな内外装に戸惑いと興奮を禁じ得ない。一体なぜ、秋田にこのような店が…。

店長さんに訳を聞くと合点がいった。こちらの店のオーナーは、別項でも紹介した東京・池袋を本拠地とするハラール食材商社の老舗アルファファラ・トレーディングのガリブ社長の実弟で、秋田県下で手広く中古自動車業も展開するバシャラットさんだというのだ。2017年にこのバシャラットさんが、特に長年在住する秋田のムスリム同胞や広く日本人客も含めて自国の飲食文化を紹介しようと始めた比較的新しいお店である。

マネージャー氏も長年池袋の系列店マルハバで勤務してきた方で日本語堪能。お揃いのコックコートを着用したコックさんたちも腕利きを3人もパキスタンから招聘。厨房風景を拝見させてもらったが、こちらもまた内外装に負けずドバイのレストランを思わせる洗練された作業風景だった。皿の一枚一枚にも店名ロゴが印刷された手の込みようにも驚くばかりである。もちろん出された料理も中東の高級ホテルのゴージャスなテイストだった。この手の高級ホテル料理はなかなか東北はおろか国内でも食べられる店が限られている。

階上は礼拝が出来るムサッラーとしての機能を兼ね備えていて、学生を中心とした秋田のムスリムの拠り所にもなっているらしい。訪れたこの日、秋田大学に通うインドネシアなどのムスリム留学生たちがラマダーン明けのイフタール・パーティーを開いていた。店名のデラには「人が集まる場」という意味があるが、正にその名の通り秋田に於けるデラとなるような意気込みを感じさせるお店だった。

弘前のサナ

弘前市のショッピングモールさくら野の4階にあるパキスタン料理店サナ。オーナーのイムラン・カーン氏は8年前に来日した弱冠33歳の甘いマスクの独身男性。本業は絨毯の輸入業で、東京に事務所を置き全国の催事などを飛び回る日々だったが、縁があって弘前市のさくら野百貨店という比較的大きなショッピングモールに飲食店として入ることになった。

不特定多数が出入りする地方都市のショッピングモール、しかも比較的若年層の多い最上階のゲームセンターなどが入るフロアに位置する割には、イスラムの教えに則り酒も一切置かず、便

山形の東北スターラ外観

中東の高級レストランを思わせる秋田市のデラの内装

利な「インド料理店」というキーワードも使わない。あくまでパキスタン料理店という名称にこだわる質実剛健な経営姿勢。ハラールを謳いながらメニューに堂々と酒を乗せている店が少なくない中、サナはあえてハラール表示こそ無いがこれこそ純正なハラールレストランである。

とはいえ本人は原理主義的なところもなく、話しぶりは至って穏やか。距離があるので頻繁には行けないが、ラマダーン中のイフタールには盛岡マスジドにキールを差し入れているとはにかむように笑う。同郷の中古車業者のパキスタン人との付き合いはあまりなく、専ら仕事を介して知り合った日本人と過ごすことが多いという。堪能な日本語もその賜物である。

メニューを開くと場所柄、日本人受けしそうなセットメニューやとろけるチーズナンなどが目をひく。パキスタン人のカーン氏にとってやや甘すぎるぐらいのカレーが弘前では人気なのだという。こうしたメニューは最近では急増するネパール人によって担われるケースが多い。最近弘前にもネパール人の経営するインド料理店が増加中で、このような本来ナーン・カレーとは別の文化圏であるはずのネパール人が作るインドカレー・トレンドに地元青森の人たちが反応することと、そうした「売れ筋」のメニューも取り入れざるを得ないことに様々な思いがある反動だろうか。本国に忠実なパンジャーブ料理を、とオーダーしたサーグマトンとローティーの両方にはこれでもかとマッカン（バター）が乗っていた。豊かな乳製品が有名な故郷パンジャーブの味。これこそがお客に味わってもらいたいパンジャーブ料理だと言わんばかりの豪快で芳醇な味だった。

弘前市のサナはフードコートに入っている

三沢のアンクルとデリー

青森県三沢市。街中のいたるところに英語の看板があふれ、行き交う白人は体格がよく、ここが米軍の街であることが強く認識される。厳重な警備兵が監視する基地正門の真ん前に三沢市最古参のインド料理店アンクルは立地する。客層は米兵とその家族、またはその日本人の彼女らしき人などが目立つ。日本人客しかいないインド料理店を見慣れた目には、アメリカ人客特有の大きな地声と笑い声が響く店内は明らかに異世界の雰囲気を醸し出している。

北インド・ガルワール出身のD・S・ラーワット社長は27年前にコックとして来日し独立。一時期八戸でも経営していたが、現在は三沢市のこの店舗のみ。ただし近いうちに八戸市で店を再オープンさせる予定という。こ

三沢市アンクルの店内

青森県の片田舎、退去したコンビニを無造作に改装した Al Madina マスジド

のアンクルは三沢市で開業14年。三沢市内の別の場所で4年、ゲート前の現在の場所に移して10年営業している。場所柄アメリカ人客が多いが、特に料理をアメリカ人向け対応してはいないという。メニューを見ても「クラブ・ミートカレー」「プラウン・ラージャバーブ」といった料理がやや特徴的であり、重厚感も感じさせつつも基本的にはオーソドックスな構成である。「日本人とアメリカ人に食の嗜好の差はあまりありません。しいて言えば若干アメリカ人の方が辛味を求める傾向があるぐらいかな」とラーワット社長は温和に語る。

同じ三沢市にもう一軒、パキスタン人が経営するデリーという店がある。こちらもアメリカ人の客層が多い。以前から気になっていた。オーナーのザヒード社長は元々東京で中古車ビジネスをやっていたが、12年前にたまたま日本人の知人から青森県十和田市の物件を紹介されインドレストラン経営を開始。現在その店はネパール人に売却したが、場所を三沢に移して約10年前からここで営業しているという。本業だった中古車ビジネスは現在も並行して行っている。現在はネットでもオークションに参加出来、陸送屋を使うことで遠隔地に居ても可能なのだと教えてくれた。同業のパキスタン人は三沢市内に約30人も居るというから驚く。

ザヒード社長に教えてもらい、三沢市と十和田市の中間くらいに位置するAl Madinaマスジドを訪ねてみた。昼間の訪問だったので誰も居なかったが、退去したコンビニ跡にまだ看板なども付いていない原初の形状。これから徐々に外装内装が整えられていくのだろうが、とりあえず急ごしらえでもいいから祈りの場を、という祈りに対する渇望が感じられて興味深い。

仙台駅東口に広がるネパール系

仙台駅東口は専門学校・日本語学校が多くネパール人留学生も多く居住している。東京の新大久保や福岡市の大橋と規模的には比べるべくも無いが、今後さらにネパール人留学生人口の増加が予想され、それに伴い食材店やネパール人留学生相手の安食堂の増加も十分に予想される。既に飽和状態となり過当競争気味ですらある新大久保あたりと比べると、まだまだ発展途上段階にあるネパールタウンの伸びしろがそこここに感じられて新鮮である。あるいは躍動前の街の助走期間とでもいうべきか。そんな雰囲気を感じるべく、食事と情報収集を兼ねて仙台駅東口を徘徊してみた。

まず、手始めに駅の北側に位置するシカール・バザールというレストラン兼食材店へ。ネパール人（ネワール系）の

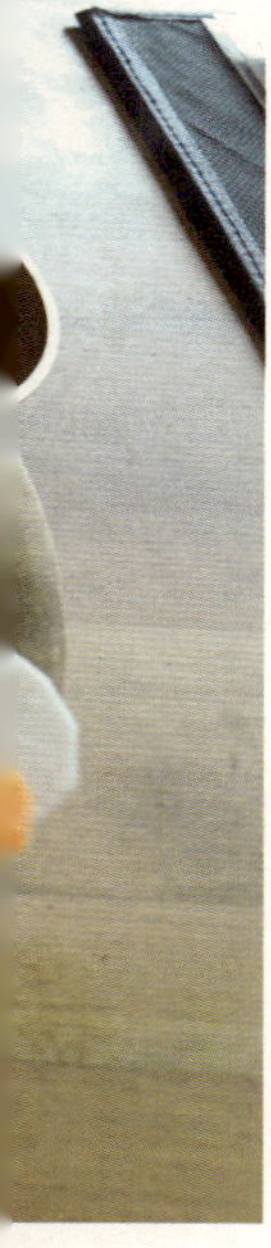

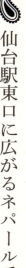

店長さんと日本人の奥さんの若いご夫婦が切り盛りしている。開店当初は食材売り場が大半だったが、次第に需要を見込んで食事スペースを拡大したという。現在はフロアの大半は食事スペースとなっている。ここで美味しいタカリセットをいただく。ネパールセット、カレーセットなど店によって呼称の異なるダルバートがここではネパーリカナセットと呼ばれ廉価で提供されている。

駅の南に位置する若林区荒町のニネル・ショッピングセンターへ。棚上などに少なか

仙台市シカール・バザールのダルバート

仙台市ニネル・ショッピングセンターのイートイン・スペース

らぬバラエティーの食器なども置いてあるのが同業者として目をひく。東京などにあるこうした店では置いていてもお飾り程度の食器類が割と充実しているのである。創業約４年。仕切りの奥には店内にはカジャ（軽食）のイートイン・スペースもある。こういう「狙わない」ネパール的雰囲気が勝手に醸し出す味わい深いスペースが何ともいえない。

ニネル・ショッピングセンターと同じ経営者によって運営されているレストラン、カジャガルもオープンして間もない。スニタさんという女性の店番の方によると、当初はニネル・ショッピングセンターで食材店だけの経営をしていたが需要を見込んで飲食店を出した形。そして確かに客は入っていて、夜など周辺に住んでいると思しきネパール人留学生たちが大挙して自転車で集まってきて狭い店内が満席の時もある。ここでダルバートとポークフライを食べたが、脂身多めのポークといい、アルタマが含まれているダルバートといい予想を上回るクオリティ。

東口から高架橋を渡るとH&S Zakkaという店名のネパール雑貨屋さんがあり、食材の他にネパール衣類やネパール雑貨なども置いてある。店員さんは日本語堪能な若いネパール女子。衣料品や小物などのいわゆる普通のアジアン雑貨屋アイテムを置いているのだが、食材や調理器具など実用的な商品が並ぶ棚の中にファンシーなエスニック雑貨が並ぶと、同じネパール製なのに違和感があるのはなぜだろう。

他にも、仙台駅東口はインドネパール料理店の看板には送金屋のロゴがデカデカと掲載されているぐらいだから、掘って行くといろいろネパール系が出て来そうである。ただし、こうした街角の風景が、5年後10年後にはガラっと変わっている可能性があるから油断は出来ない。

北関東イフタール紀行

北関東は自動車部品や機械器具製造業の工場が多く、特に１９８０年代以降パキスタン人やバングラデシュ人を含む外国人が多く居住するようになった。こうしたムスリムが増え始めると出来てくるのがハラール食材店や飲食店、そしてモスクである。ムスリムである以上、宗教的に合法のものとされるハラールの食材は生活上欠くべからざるものであるが、毎日の祈りへの希求はそれと同等の生理的欲求に近いもののように感じられる。90年代以降現在に至るまでまたたく間に全国に増殖し続けるモスクはそうした彼らの祈りへの欲求を満たしてきた一方、同時に日本生活やビジネスにおける情報交換の場としても機能する。そうした在住ムスリムが一年を通じて最もモスクに集まる時期がラマダーン月である。この月は断食と断食明けの食事（イフタール）を共有することでムスリムとしての連帯感を確認し、モスクでの集団礼拝が励行されるので、普段なかなかモスクに来ることの出来ないような人もこの月の礼拝とイフタールには可能な限り参加するという。

伊勢崎モスクのイフタール準備風景

日没と共に皆で一斉に食事を開始する／伊勢崎モスク

この時期に礼拝者で混み合う日暮れ時近くのモスクを訪ねてみると、多くのムスリム（ボーン・ムスリム）は排他性が微塵もない寛大な心の持ち主が大多数なので、好奇心に駆られた部外者を温かく迎え入れてくれる。ウドゥーをしたあと招かれるままに彼らの流儀を最大限に尊重しながら一列に並んで座り、見よう見まねでイフタールを手食してみると、強烈な非日常感と共にムスリム文化への興味がいっそう掻き立てられてくる。隣同士になったおじさんに礼拝のことやハラール食のことなどを教えてもらいながら、少しずつムスリム文化理解を深めていくことの出来る、非ムスリムにとっても貴重な場なのである。ここでは特に南アジア系のムスリムが多い北関東のモスクでのイフタールを紹介したい。

伊勢崎モスクのイフタール（群馬県伊勢崎市）

伊勢崎モスクは開堂年が１９９５年と比較的古く、最近でこそ県内外に多くのモスクが出来て分散するようになったが、かつてはラマダーン月には他県からも多くの礼拝者であふれていたという。その様子は駐車場のダイナミックな車の停め方からも感じることが出来る。中古車業者が多いパキスタン人は皆さん車で来場するが、限定されたスペースに一台でも多く停めなければならないため車幅間隔が数センチといった具合になる。まるで輸出するコンテナ船にギッチリと中古車を置く感じである。慣れない駐車だがパキスタン人たちが手慣れた様子で誘導してくれる。下手に早い時間に着き、一番奥に停めてしまったら皆が出ていくまで車を出せないので注意が必要である。

常総マーフのイフタール（茨城県常総市）

常総市にあるマルカズ・ムハンマド・アレイ・ムハンマド・モスク。高くそびえるポールの先端にはためくalam ghazi abbasと呼ばれる旗とドームを象った外観は独特の荘厳な雰囲気を放っている。ここはマーフレストランという飲食スペースも設けているが、それと別にかなり広い礼拝スペースがある。特徴的なのは国内でも数少ないシーア派の礼拝所を設けているところである。ラマダーン月になるとここで礼拝とイフタールが行われるが、周辺在住の主にパキスタン人のシーア派の人たちが礼拝とイフタールに訪れる。シーア派ムスリムの人々はイランに多いが、パキスタン国内にも少数派ながら存在するという。ちなみにシーア派モスクは他に埼玉県三郷市にもある。

シーア派のイフタールはスンニー派より10分遅れて始まるという。ごく僅か軽くお祈りした後にイフタールを食べ、その後お祈りになる。シーア派だからと言って特別なイフタールという訳ではなく、デーツで始まった後カットした果物、パコーラ、チャナーのサラダ、ダヒ・キ・パコーレなどを食べる、どこのモスクでも見かけるスタイルだった。

野田ハンディのイフタール（千葉県野田市）

国内最大の中古車オークション会場がある千葉県野田市は当然多くのパキスタン人が集まる。そうした人々の憩いの場が野田市にあるハンディ・レストランである。メニューが豊富で腕利きのコックさんも多く抱え、店内と駐車場が広いという在日パキスタン人の求める条件にぴたりと合致している。また、何といってもオーナーのビッキーさんご夫妻のホスピタリティが素晴らしい。ここはレストランであってモスクではないが、ラマダーン期間中は一日も欠かさず来店するムスリム・非ムスリム問わずイフタールを無料で提供している。イフタールの内容はデーツ、パコーラ、ローズミルク、サモサなどである。中にはこの無料で提供されるイフタールだけ食べてそそくさと帰ってしまう人もいるがご夫妻は全く気にされていない様子。日没の時間となり、まだ西日の差す彼方に向かって真摯に礼拝しているムスリムの姿は厳粛な気持ちにさせられる。

常総市マーフレストラン入口

シーア派の礼拝所内のイフタール風景

ナーンの世界

1990年代半ば辺りまで、日本の高級インド料理店では有力なキラーコンテンツだったナーンであるが、いまやすっかり大衆化され日本国産メーカーから出されたパック詰めがスーパーで売られている時代。ナーンを置いている店の方が当たり前となり、ナーンがなければ「えっ、ナーン置いてないんですか?」と客が踵を返してしまうような状況ですらある。中にはチーズや明太子、あんこなどといった具を詰めたオリジナリティあふれるナーンを置く店も少なくない。

一方、逆に大衆化しすぎたナーンをあえて置かないことで他店との差別化を図りリアリティを追求しようとする店も出現したりなど、大げさに解釈すれば店の方向性を指し示す羅針盤的なアイコンにすらナーンはなっているかのようである。肯定するか否かでお店のスタンスが否応なく表明されてしまうのだ。

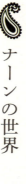

日本に於いてこうしたナーンに対する認知度が深まるにつれて、実はナーンがインド、特に家庭ではあまり食べられないという事実も徐々に知られてきている。ナーンではなくアーター（全粒粉）を使ったチャパティやローティーがインド家庭では主流、それらはタワ（鉄板）を使って作られるため、そもそも家庭にタンドールも存在しないという。さて実際のところはどうなのだろうか。

マイダーとアーター

日常的に食べられている食

伊勢崎市マーディナでのナーン製造風景

材だけあってインド人のアーターへのこだわりは強い。多くの食品メーカーからアーターは出されていて、インドのスーパーの食料品売り場に5キロ入り10キロ入りの大袋がズラリと並んで販売されている様は壮観である。また街中の雑貨店などでは今でも量り売りが主流である。皮付きの小麦粒を買ってその都度挽き屋に持っていき製粉してもらうような伝統的なやり方も健在で、さらに農村部では自宅でチャッキー（石臼）から挽く場合も多い。産地へのこだわりも強く、マディヤプラデシュ州セホール近郊で収穫されるシャルバティという銘柄が有名である。シャルバティ・アーターはパンジャーブ州やハリヤナ州など他州で生産された他の銘柄より価格も高く風味も優れているという。一方、ナーンの原料となるマイダー（精白粉）はどうだろう。インドやパキスタンでもナーンは自宅で作るものではなく店で出されるもの、または買ってくるものという認識である。日本人がごはんは家で炊くがパンは店で買ってくる感覚に近いかもしれない。ナーンを作るためにはマイダー以外に酵母や油、場合によってはバター、ミルク、卵などが必要となり、生地を発酵させるための時間も必要となる。もちろんタンドールで焼くための燃料も必要だ。こうした価格面でアーターのローティーと比べ物にならないほどのコストがかかる。ちなみにインド料理でマイダーから作られるものはナーンだけに限らない、北インドのバトゥーラー、クルチャ、南インドのポロタもマイダーから作られる。また菓子などにも使われる。これらの料理もナーン同様、家庭料理ではなく外食料理という認識である。

タンドールについてはどうだろう。インドのタンドール事情ついて詳述されたRanjit Rai著

『Tandoor』には、家庭用の小さなタンドールで調理する一般家庭の女性が写真入りで紹介されている。もちろんタンドールで料理されるのはナーンよりもむしろローティーの方がメインであろうが、特に北西インドの農村部に於いてタンドールはインド家庭にもある場合もあるらしい。パンジャーブ地方の村などには今も共同タンドールが存在し、共同井戸のように複数の家で共有して使っている。これをジョイント・タンドールと呼ぶ。とはいえこれらはパンジャーブを中心とした北西インドの農村部での光景であって、都市部のインドの一般家庭内で使えるのはガスコンロとタワ（鉄板）であり、こうした点から確かにナーンが一般的ではないことが分かる。また、インド人は思いのほか健康を気にする人たちで、マイダーで作られたナーンより、アーターで作られたチャパティの方が繊維やビタミンが豊富で健康にいいとインド人はよく言う。白米よりも胚芽米や玄米を健康上の理由で選択するのと同じ理由である。

ナーンバーイー

パンジャーブのさらに北、カシミールにはナーンバーイー（あるいはナーンヴァーイー）と呼ばれるナーン製造業者がいる。地元の人々は毎朝まだ薄暗いうちから起きだしてナーンバーイーの看板も出てない店に行き、朝食用のチョウトやラワサといったナーンの一種を購入する。一枚10ルピー。出来たての温かいチョウトを持ち帰りバターを塗り熱いカワ（カシミール茶）と共にいただくのが定番の朝ごはんである。まだ寒い時期には、分厚いレンガの壁で覆われた店内の煙たい奥で、土中埋め込み式のタンドールを囲んで客たちが暖をとりながら世間話をしている様子がみられる。

同様に、パキスタンでも一般的にナーンはナーンバーイーの作業所兼販売所で購入される。ナーンバーイーはパシュトゥーン人が多い。パシュトゥーン人の作るナーンは美味しいとされ、この技術によりパキスタン国内や中東など国外でも至るところで商売をして渡っていけるという。使用するタンドールのタイプにはパキスタン国内でも地域差があり、パシュトゥーン方面のタンドールは半分土中に埋まったもの、パンジャーブのタンドールは土に埋めず外部に出しているものが特徴的である。

この他、インド各地の特にムガールの影響の強かったラクナウやハイデラバードでは現在も多くの飲食店の店頭に巨大な窯が置かれ、日々ナーン職人によって様々なナーンが製造されている。特にハイデラバードではチャール・コーニー・ナーン（四角ナーン）と呼ばれる形状のユニークなナーンが存在する。

インド国外のタンドール

海外でのナーンを考える時、それを焼くためのタンドールはいつどのようにして設置されたのかも気になってくる。L・コリンガム『インドカレー伝』によると、イギリス・ロンドンにあるゲイロード・レストランが1966年にイギリスで初めてタンドールを設置した店であると紹介されている。このゲイロード・レストランは現在もロンドンで営業を続ける老舗で、元々は戦前からインドで飲食・食品製造ビジネスを展開するKwality Groupのロンドンでの支店として開かれたものである。

一方、日本では銀座に1968年創業したアショカに日本初のタンドールがインドより輸入され設置された。イギリスと日本で、その経緯は全く別にしていながら時期的にほぼ重なるのが興味深い。ちなみにこの頃有限会社神田川石材の2代目、高橋重雄社長が従来持っていた石窯製造技術を応用して新規事業としてタンドール製造販売に乗り出していた。同社サイトには「1968年、日本国内で初めて工業的手法によりタンドールを作り、インド料理店に売り込みに行った」とある。銀座アショカに設置されたインド製タンドールをくまなく見てその仕組みを学習した高橋社長はさらに改良を加えたタンドールの開発に成功し、タンドール交換の必要性に迫られた1973年に納品したという。これが国産タンドールが実際に使用された始めである。

ちなみにインドでは老舗を中心に土中埋め込み式のタンドールが一般的だったが、最近では露出型のタンドールが一般的になってきている。取り付け工事やメンテナンスの関係からだろうか。複数のメーカーからカラフルなタンドールが製造販売されていて海外輸出も積極的に行っている。

変化するネパール人のナーン意識

ネパール人は元来ナーンを食べる習慣はない。そもそもネパールの食文化にはタンドールが存在しない。カトマンズ市内のインド系ムスリムの店などごく限られた店でドラム缶を改良した手製のタンドールでナーンを作っている姿が見られたり、高級インド料理店で出されている程度であり、決して一般的な食べ物ではない。

一方、インドをはじめ中東、欧米、そして日本など全世界にあるインド料理店の厨房では多くのネパール人が働いている。こうした店では当然ながらナーンがメニュー化されている。こうした厨房で働いてナーン作りを習得し、やがて独立した際にテンプレート的にナーンをメニュー化する。かくしてナーンはネパール人経営の店の増加と共に拡大・増殖していくのだが、実は作り手のネパール人自身はまかないでナーンを食べることはまずない。彼らにとってナーンはあくまで売物であって、まかないとして食べるのは炒めた野菜や汁気の多い鶏カレー、ライスなどである。とんかつ屋の店主が毎日まかないでとんかつを食べているわけではないのと同じである。

このように、ナーンとは一見縁遠そうに見えるネパール人だが、特にここ数年の日本に於けるナーンを取り巻くネパール人の状況には変化が見られる。同じネパール出身の友人・知人がインドネパール料理店で働いていたり経営者となったりするので、故国でナーンを食べたことも見たこともなかった彼らがこうした店に行って初めてナーンの味を知り、ある人はその美味しさに目覚める。こうしてこの手の店での彼らの集まりにナーンは不可欠なアイテムとなって行く。「ナーンを置かないとネパール人客が呼べない」とまであるインドネパール料理店のオーナーは言う。最近は特にチーズナーンを好むネパール人が増えているという。

インドネパール料理店の増殖ぶりは凄まじく、日本全国どこに行っても店を見ない場所はないほどである。こうした店に必ず置いてあるのが焼き立てフカフカの大きなナーンで、これを求めて来店する人も多い。全国に増殖したインドネパール料理店の存在こそ、ナーンがここまで日本に定着した理由のひとつであると言っても過言ではない。これにより、ナーンを置いていない店はインド料理店と見なされなくなったり、ナーン文化圏以外の出身のインド人オーナーが新規出店しようとしても、こうした空気感の影響から店でナーンを出さざるを得なくなるといった現象すら起きている。このように日本の食文化にも強い影響を与えるインドネパール料理店で作られるナーンであるが、さて一体店ではどのように作られているのだろうか。そこで、江東区森下にあるサッカールでのナーン製造風景を見学させてもらった。マイダーは日清カメリヤが使われている。卵、ベーキングパウダー、砂糖、塩、油、水が加えられてよく捏ねられ、発酵させたのち焼かれる。分量はカメリヤが6キロに対して卵10個、砂糖500グラム、ベーキングパウダー110グラム、塩20グラム、サラダ油適量、牛乳1リットル、水1・5リットルほど。小分けにする前に大きめのポリ袋に入れて約2時間発酵させ、そこからナーン一枚分の分量に小分けされてさらに1時間発酵される。これが約70〜80人分の美味しいナーンとなる。

ナーン製造工場見学

インドやパキスタン料理店で出されるナーンの他、ナーンを製造卸している業者が北関東を中心に複数存在する。そのうち伊勢崎市のマーディナと小山市のパミールマートでの製造風景を見学させてもらった。このようなナーン製造卸業者は製造枚数や食感へのこだわりから、かつてはタンドールで製造していたが現在では多くの業者が電気式トンネルオーブンを使っている（現在もタンドールで製造しているのは確認した限りでは1社のみ）。

まず、群馬県伊勢崎市のマーディナを早朝訪問。発酵させた生地を整形したのち手早くゴマがふりかけられ、ログニで模様付けされたのち電気式トンネルオーブンで焼き立て一枚目が出てきたちょうどのタイミングにお邪魔した。最初の数枚は色や味が安定しないから捨ててしまうらしく、焼き具合を見るためのある種のダミーとなる。「まだ白い」などといった調整するやり取りがトンネルオーブンの入口と出口で交わされ、その都度微細な温度調節がなされる。出すこと数枚目でようやく味が安定したらしい。手渡してくれた熱くて触れない程のナーンをちぎり、カレーもギーもマッカンも付けず、素ナーンの状態で頬張る。焼き立てナーンがここまで香ばしく美味しいとは。

ナーンが包装された袋の記載を見ると、食塩、砂糖、イースト、油というシンプルな構成で、インドネパール料理店で見かけるような牛乳や卵は使用されていない。最も製造枚数が増えるのはラマダーン直前だが、かつてはラマダーン時期ともなると伊勢崎モスクには遠方からも多くのムスリムが集まっていたが、最近では北関東の至るところにモスクが出来たのでわざわざ伊勢崎まで来る人は減ったという。伊勢崎周辺には工場が多く、以前は多くのパキスタン人が働いてい

小山市パミールマート外観

国内各社で製造されているナーン

小山市パミールマートでのナーン製造風景

た。社長もそうした一人で、当初はそうした工場で働いていたという。やがて周囲のインド料理店で出されるナーンが美味しくなかったことがきっかけでナーン製造業をはじめたという。現在は電気式トンネルオーブンで焼いているが、かつては店内にかなり大きなタンドール窯があり一枚一枚焼いている姿が見られた。

続いては、小山市パミールマートへ。ナーンの生地捏ね作業用に、年季が入った関東混合機工業社製のミキサーが作業場に鎮座している。こちらも電気式トンネルオーブンが使われている。マイダーはMorita社製のものを使用。やはり牛乳や卵は使用されていない。意外と日本人客も多い昼時でも厨房の傍らでナーン焼き作業している風景が見えて楽しい。5枚を1袋に入れて常温または冷凍させて販売している。出来立ての熱々をすぐに袋詰めしてしまうと結露してしまうため、機械の脇で数百枚というナーンが放置され熱を逃がしていてこの様子が壮観である。もちろん直接ここに行けば袋詰めする前の出来立て熱々のナーンを買うことが出来る。パキスタン人やインド人は料理の温度に日本人ほどこだわらないが、やはり焼き立ての味と香りは間違いない。

ラマダーン時期中のイフタール用で特別に出荷する場合などもあって多少の増減はあるが1200枚が平均的な一日の製造枚数だという。この枚数は一枚一枚タンドールで焼いていくのでは不可能な枚数で、こうした点からも電気式トンネルオーブンが必要なのがわかる。創業5年というパミールマートの社長はその店名からも分かるようにパシュトゥーン系で、前述の通り技術の高いナーンバーイーを多数輩出する土地柄。美味しいナーンへのこだわりも、そうした背景があるのかもしれない。

パシュトゥーンのカバーブ食堂

八潮界隈のパキスタン筋から、そこについての噂を聞いて以来気になり続けていた。何でも北関東の某所にナーン作りの上手なパシュトゥーン人がいて、日々ナーンを作って卸販売もしている。敷地内にはモスクも併設されていて、毎週金曜の昼の礼拝時にそこに行けばナーンと共に本格的なチャプリ・カバーブを食べさせるという。パシュトゥーン人によるナーンと本場のチャプリ・カバーブ。この魅惑的な響きには抗いがたく、何としても行かなければと気持ちばかり焦っていた。パシュトゥーン人は現在のアフガン南部からパキスタン西部にかけて居住する民族で、ナーン作りが上手なことでも知られる。

場所についての正確な情報が無く、北関東のどこかということしか当初は分からなかった。あてどなく漠然と車

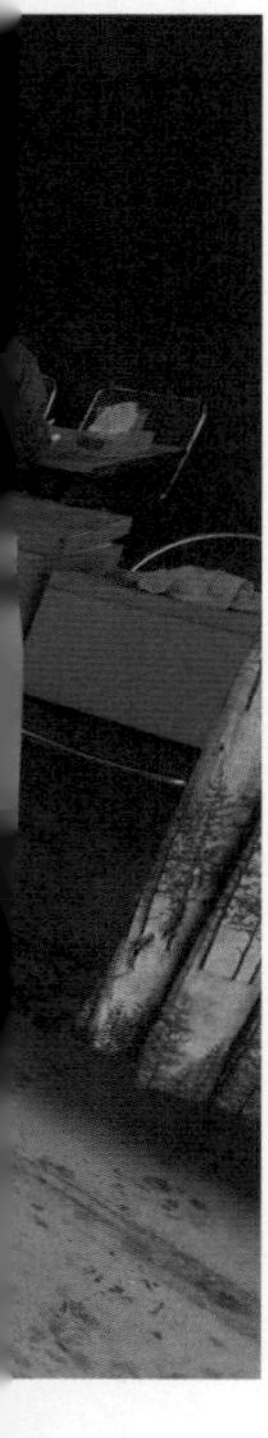

を走らせてみても、それらしき場所にたどり着ける確率は絶無に近い。そんな折、もうひとつ別のパキスタン食材業者筋から有力な情報が入ってきた。そこはチャプリ・カバーブの店と直接取引があり、荷物を送った際の宅配便の伝票を持っているというのだ。情報提供源の事務所にお邪魔して伝票をデジカメに収めさせてもらった。

やっと居場所をつきとめたので、早速その住所を頼りに車を走らせた。北関東特有の田んぼがどこまでも続く広大な平原。鉄板と竹藪で覆われ

名前もないチャプリ・カバーブ食堂

薪の火にくべられた大鍋で大量の油と共に調理されるチャプリ・カバーブ

た奥の方に中古らしきアルミトラックのコンテナなどが無造作に並べられている、いわゆるヤードが道路脇にポツリポツリと点在する。車のスピードをゆるめて出入り口の看板を凝視するとカーンとかアリーだとかの会社名を確認。北関東パキスタンゾーンに入ったのだ。外からは非常に分かりにくい場所にトタンで出来たプレハブのモスクを見つけ入ってみる。礼拝の時間が近づくにつれだんだん人が増えていく。別の建物を見ると、露天に薪の燃料をくべた大きな鍋でチャプリ・カバーブを焼いているクルター姿の男がいる。ここに間違いない。

食堂の中に入ってみると整然と並べられた事務机にテーブルクロスが敷かれ、卓上にはなみなみと入った水のジャグと太くカットされたレモンの山が几帳面に置かれている。メニューはなく席に着くとチャプリ・カバーブと温かいナーン、チャトニが無言で運ばれてくる。要するに、これしかメニューはないということだ。日本のハンバーグのイメージからはかけ離れた弾力性とサイズ感のカバーブをナーンで千切ってチャトニに付け頬張ると牛肉のうま味が口いっぱいに広がる。チャプリ・カバーブを焼く男はジャンさんというパシュトゥーン人。一人黙々と肉をこね成形し、淡々と焼いていく。店に入ってくる男たちの中には中古車解体時についたものなのか、油汚れのついたクルター姿の人も多い。正に雰囲気はペシャワールの裏町あたりの食堂そのものだ。

食べ終えた男たちは三々五々モスクの中に入って行きウドゥーをして礼拝の準備を整える。決して狭いスペースではないはずだが、中に入りきれなかった男たちがモスクの外にも絨毯を敷きイマームのたおやかな朗謡に合わせて礼拝をはじめる。田んぼが多い周辺環境からは想像つかないが、これだけ大勢が集まっているというのは驚きである。お祈りが終わってから食べにくる人も多い。

北関東のこうした場所を探訪していると、異国との見境が付かない風景に出くわすことが多々あるが、ここはそんな中でも一、二を争う、飛び抜けてパキスタンに近い場所である。

埠頭で食べるパキスタン

全国各地に中古車オークション会場は存在し、そこには必ずパキスタン人が出入りしている。特に野田市木間ケ瀬にあるUSS東京は日本最大規模の中古車オークション会場として有名で、多くのパキスタン人が出入りしており、中には簡単な礼拝室も準備されている他、近くにはハンディやチャスカというその筋では有名なパキスタン料理店も存在する。

こうしたオークション会場の周辺には車置き場や解体、修理、板金などを施すためのヤード及び事務所が集まっている。特にUSS東京のある千葉県には全国で最も多くのヤードが存在するが、他にもオークション会場の近くにはこうしたヤードは点在する。ヤード内のプレハブ事務所を改装して礼拝するための施設として使っている例もあり、無造作に置かれたコンテナには共同購入した穀物類、また冷凍ハラール肉などが業務用冷凍庫に入っていたりと彼らの生活が垣間見えて興味深い。

オークション会場の近くにはそうした興味をそそられる風景が展開していることが多いが、そ

川崎埠頭のオークション会場に出店しているザイカのケータリングカー

のひとつが川崎埠頭にあるアライオートオークションベイサイドでも見られる。毎週金曜に開催されるオークションに合わせて続々とパキスタン人をはじめとする外国人が集まってくる。港に面した巨大な駐車場には出荷待ちの車が並び、大きな道の路肩には巨大なトレーラーがたくさん路駐している港湾にありがちな殺風景な場所柄。周囲には食堂はおろかコンビニすらまばらである。こうした環境下のムスリムたちの空腹を満たすべく、数台のハラール系ケータリングカーが会場敷地内で商売をしている。既に15年以上この地でケータリングを続ける、大田区に実店舗を持つパキスタン家庭料理ザイカはおそらく一番の老舗である。車の中では大きな鍋に入ったビリヤニが温められて美味しそうな湯気を発している他、チキンロール、デザートのキールなどがトラックを改造したケータリングカーで販売されている。

さかのぼること約15年前、川崎埠頭までわざわざケータリングの南アジア料理を食べに行ったことを思い出す。その当時からザイカは出店していて、荷台に置いたタンドールで見事なローティーを焼いて提供していた。埠頭の風に吹かれながら、パキスタン人中古車ディーラーたちの喋るウルドゥー語トークをBGMにして食べるパキスタンの味には強烈な異国感があった。当時は廃車になったナンバープレートの無いバスを屋台化してカレーを食べさせる店もあり、客はバスに入ると運転席脇の簡易コンロでチャパティを焼いているスタッフからカレーとチャパティを受け取り、各自バスの座席に座って食べていた。客層はパキスタン人だけでなくヘルメットを被った港湾労働者も少なからず居た。15年ぶりに埠頭を訪れたがさすがにもうそのバス屋台はなく、一抹の寂しさを禁じ得なかった。

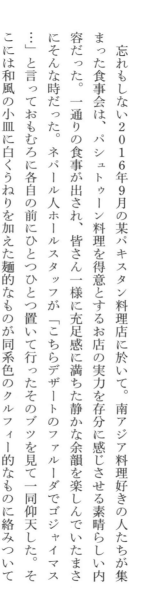

ファルーダ活動記

忘れもしない2016年9月の某パキスタン料理店に於いて。南アジア料理好きの人たちが集まった食事会は、パシュトゥーン料理を得意とするお店の実力を存分に感じさせる素晴らしい内容だった。一通りの食事が出され、皆さん一様に充足感に満ちた静かな余韻を楽しんでいたまさにそんな時だった。ネパール人ホールスタッフが「こちらデザートのファルーダでゴジャイマス…」と言っておもむろに各自の前にひとつひとつ置いて行ったそのブツを見て一同仰天した。そこには和風の小皿に白くうねりを加えた麺的なものが同系色のクルフィー的なものに絡みついて屹立していたのだった。その麺的な何かは食べてみて確かにうどんであることが判明。しかも湯通ししていないので食べにくく、皆さん完食できず残してしまった。この日以来ファルーダを強く意識するようになり、やがてファルーダを求める長い旅に出たのだった。

諸説あるが、ファルーダ（ファールーダ）の発祥の地はイランの街シラーズであるといわれる（『精製』を語源とするFaloodehと呼ばれる）。現在でもイランでは一般的なデザートとして親しまれているが、インドのファルーダを見慣れた目にはやや奇異に映る。基本的に色は白を基調とし、でんぷんを主原料とした麺的な形状をしたものに半分凍らせた甘いシロップやローズウォーターで味付け・色付けがなされている。非常にシンプルな外観で、インドのようにゴテゴテしたカラフルなものとは全く違う。インドではムガル帝国時代にこのファルーダが伝えられたというが、ヴィジュアル的にはとても同じデザートだとは思えない。これはインド文化全般的に言えることでもあるが、現地と同じ製法・同じ味にこだわるような、原理主義的な考えからはかなり逸脱した仕上がりである。ではインドに於けるファルーダとはどのようなものであろうか。

インドに於けるファルーダは、大まかに二つに分けられる。クルフィーを上に載せた地味なクルフィー・ファルーダと、欧米のアイスクリーム・サンデーに似た外観の派手なファルーダとである。この内前者は比較的イラン発祥のものに近い形状をしている。また食べられる店も都市部の旧市街にある老舗が多い。ウッタルプラデシュ州ラクナウにあるPrakashは地元の人にはよく知られた人気店で、味わい深いクルフィー・ファルーダをいただくことが出来る。ここでの肝は白または黄色く着色された麺＝ファルーダで、甘味はクルフィーの方にあるだけで麺は無味無臭である。でんぷん由来のこの麺はクルフィーの強い甘味を緩和する効果もあるようである。麺そのものを甘くして食べるイランのそれと若干違い、麺自体を味付けするのではなく、クルフィーの甘みを絡めて食べるような食べ方となる。これはデリーのチャンドニー・チョウクにある名店Giani's Di Hattiで食べることの出来るラブリー・ファルーダでも同様で、ラブリー（ミルク由来の菓子）の強烈な甘さを無味無臭の麺が中和して食べやすくさせている。ここで使われる麺はでんぷん質由来のもので、次に説明するファルーダに含まれるものに比べてやや太い傾向にある。

さて、もう一方の派手ファルーダはどうだろう。元来の言葉の使われ方として、クルフィー・ファルーダやラブリー・ファルーダなどといったでんぷん質の麺を指す言葉だったファルーダの語が、そのままデザートの名称となって一般化している。名前の付け方からしてこのアバウトさというのがある種このデザートを象徴している。現在ではガラスのジョッキや細長いサンデーグラスなどにアイスやバジルシード（ファルーダシードと呼ばれることもある）、各種シロップなどと共に盛りつけられたものがファルーダとしてインドでは一般的である。特徴としてはムスリムの多い地区で比較的よく食べられていることで、これはおそらくビリヤニの分布ともほぼ符合するように感じられる。インドで独自の発展を遂げたものであるらしいという他はこれといって共通する定義もなく、お店の人や食べ手の側がファルーダとして認識さえしていればそれがファルーダであるという概念的な食べ物でもあり、そもそも語源であるはずの麺すら入っていないものすらタミルの一部店舗ではファルーダと称しているほどであり、知れば知るほどカオスなデザートである。

日本でファルーダを提供する上で最も再現困難なものが麺だった。冒頭で紹介したクルフィー・ファルーダの敗因も、その麺をうどんで代用しようとした点にあった。素材はあっても加工する機械も技術もなく、また需要もなかったためごく一部の先駆的な店を除き長年日本のイ

八潮カラチの空のファルーダ

ンド・パキスタン料理店のメニューにファルーダの文字を見かけることはなかった。

そんな中、思いもかけぬ朗報が届く。何と八潮のカラチの空がファルーダの製麺加工に成功したというのだ。2017年7月に訪問し感動の対面。ジャベイド社長がわざわざパキスタンから取り寄せた製麺機を使ったという麺的なものがしっかりとシロップに絡み合っている。麺の食感は狙ったのかそうでないのか硬軟織り交ざった複雑な口当たり。バニラアイスと沈殿したローズシロップの濃厚な甘さとが相まって奥行きのある神秘的な味わいに仕上がっている。まさにこれだと感動。食事中、大量のファルーダをスタッフが運んでいたので何事かと聞いてみるとわざわざ近県から車でファルーダを食べに来たパキスタン人グループだという。それほどまでに待ち望まれていたものなのかと感無量だった。

ほぼ時を同じくして、日本橋のナワブからも「ファルーダ始めました」の吉報が届く。シャキール社長からも商品化への難しさは折に触れて聞いてはいたが、その道に精通した知り合いのパキスタン人業者などと密に情報交換しあい、研鑽に研鑽を重ねた結果メニュー化に成功したという。

ナワブとカラチの空という、関東で人気のパキスタン料理店の両雄がほぼ時を同じくしてファルーダ界に参入したのは偶然の一致にせよ感慨深い。この年に開催されたパキスタンフェスティバルでは、出店したこの二店によるファルーダ合戦が一部の間では最大の見どころでもあった。

国内的にはその後続々とファルーダを取り入れる店が増えていき、巷では2017年を日本のファルーダ元年とすべきかどうかの熱い議論がなされているかどうかは定かではない。

富山モスクと新潟モスクのイフタール

富山モスク

富山県北部を東西に縦断する国道8号線沿線。比較的交通量の多いこの国道沿いを走り、射水市近くにさしかかると、道路の左右にはパキスタン人の経営する中古車の展示場やヤードが田んぼの間にポツポツと現れはじめる。1990年代以降、対ロシア中古車輸出業に携わるパキスタン人が集まり栄華を誇ったこの界隈だが、2009年にロシア政府が輸入関税率を引き上げたことで急速にビジネスは縮小。廃墟化した事務所も点在し往時の繁栄を偲ぶことは難しい。とはいえ富山在住パキスタン人が消えてしまった訳ではない。ロシアとのビジネスを目的として富山に来た彼らだが、仕向地をロシア以外に変更したり関連する他のビジネスに鞍替えしたりしながら、まだまだ大勢のパキスタン人が富山に暮らし続けている。日本人妻と生活し子供を市内の学校に通わせているといった家庭事情もある。

そんな富山在住パキスタン人の拠り所となっているのが富山モスクである。普段は静かなこの

富山モスクでのイフタール

富山モスク

モスクにはたくさんの子供も集まっている

モスクがラマダーンの時期、それも日没（マグリブ）の時間近くになると大勢のパキスタン人をはじめとするムスリムたちでにぎわう。特別な月であるラマダーン月に断食（サウム）が敢行されることが有名だが、それだけでなくとりわけこの期間中には善行や喜捨（ザカート）も励行されている。普段はあまりモスクに顔を見せないような人でもこの時期は礼拝に訪れるという人も多い。一列に等しく並んでその日の断食明けである日没後の食事（イフタール）を一斉に摂るその圧巻の光景は、ムスリムならずとも食と信仰について改めて深く考えさせられるのである。

大都市圏の一部のモスクを除き、多くのパキスタン人は自家用車でモスクに来る。駐車場はすぐに車であふれるが、BORO船で車を輸出する際に一分のスキもないように積み込むかのような見事なテクニックで駐車していく様は壮観である。

モスクに入る前にまず手足や顔を洗浄（ウドゥ）する。富山モスクではこの洗い場の横に調理室がありここでイフタール用の料理が作られている。イフタールのメニューはデーツ、野菜のパコーラー、ローズミルク、水、果物などどこに行ってもほぼ定型化した内容である。日没の合図と共にまずこれらの食事が摂られ一定の空腹感が満たされたのちに集団礼拝が行われ、次いで本格的な食事という流れになる。イフタール用の料理やその後に食べられるご馳走などは有志の方々によって調理されたり、外部のレストランから無料で提供されたりするもので、こうした善行もラマダーン月には特に重要とされている。

訪問したこの日は主にバングラデシュ出身の有志グループが食事当番だったらしく、富山名産のブリを使ったカレーなど、モスクに集まる数百人分の料理の仕込みを前日から行っていた。このように食事当番的な割り振りがあり、出身国や地域別にグループが組まれて趣向を凝らした料理が出されるのも楽しみである。各モスク管理者の考え方にもよるが、多くのモスクではこうした宗教儀礼を通じてイスラム教への理解を深めてほしいという考えもあって、非ムスリムであっても入場を拒絶されることはない。一日空腹を我慢したはずの彼らよりも優先して食事をすすめられることもあり、改めてその寛容性に心打たれるのである。

この富山モスクは1999年に8号線沿線の廃業したコンビニ跡地に建設。80年代後半から徐々にパキスタン人が富山を始めとする日本海側に集まりはじめ、90年代半ばにはムサッラー

（簡易礼拝所）が存在しそこで礼拝が行われていた。物件取得当初は冷蔵庫などのコンビニの設備が残っていたが、２００４年に内部の改修工事がなされ礼拝スペースなどが拡張された。建て直してドーム屋根のついた壮麗なモスクにしたいという希望も一部にあったというが、市街化調整区域にあるため建物の改築許可は下りないという。

今でこそこのような多くのパキスタン人が居住し（特に射水市の市営堀岡団地に多く居住しているという）複数のパキスタン料理店が活況を呈している富山だが、30年来の富山在住者であるパキスタン人のアハマドさんによると在住した当初はハラール食材の入手にも苦労したという。当初、香辛料などは故国から時々郵送してもらったり、来日する仲間に分けてもらっていた。また、どうしてもという時は東京・上野にある当時唯一ハラール肉を販売していた業者から購入していたという。同様の話は各地のパキスタンコミュニティでもよく聞く。

90年代後半にはこうした需要からハラール食材店が富山に進出。８号線には現在でもプレハブの食材販売店舗が存在するが、こうしたスタイルで黎明期のハラール食材店は営業していたのではないかと往時を偲ばせる。現在は閉店してしまったＲＡＪＡ（２０１１年閉店）が最も早くにこの地で営業をはじめ、次いでカシミールが出来ていった。現在群馬県在住のＲＡＪＡ創業者によると、当初はトラックにハラール食材を積んで射水市など販売に訪れていたという。当初は食材販売が先行で、やがてそうした店で軽食を出すようになり、パキスタン人だけでなく在住日本人をも客層とした本格的な食インフラが整っていったという流れのようである。２０１８年現在ザイカ、ホットスプーン、ハムザ、パークマサラなどが点在する一大パキスタン料理王国と化し「イミズスタン」と親しみを込めて呼ばれ、地元に定着している。

新潟モスク

新潟もパキスタン人中古車業者が多い。現在でこそ富山のパキスタン人社会が有名だが、そもそもロシア船は新潟西港にも就航していて、かつては富山以上に多くのパキスタン人中古車業者が集まっていたと現在も新潟で中古車輸出業を行っているマリックさんは言う。

1986年の旧ソ連末期あたりから、ソ連船員による旅具通関という形で日本車の輸出はスタートした。ロシアから材木などを乗せてきた貨物船に帰途、船員たちが日本の中古車を個人の旅具（携行品）扱いで持ち帰り転売するやり方である。やがて船員だけでなく単に中古車転売目的で訪日する買い物ツアーと呼ばれる人たちも来日するようになる。こうした状況を見て、パキスタン人中古車業者が本格的に対ロシア中古車貿易に参入するようになるのは1995年の日本側の規制緩和によってである。個人の携行品としての車の輸出台数制限が拡大した事と輸出前検査が不要になったことがパキスタン人中古車業者の参入を後押しした。こうしてロシア船が就航する日本海側に多くのパキスタン人業者が集まるようになる。これが富山や新潟でパキスタン人が増加した理由である。当初は富山より新潟（西港）の方にパキスタン人が多く集まっていたが、諸費用の安さなどの理由で伏木富山港の方に流れ、対ロシア中古車輸出の中心となっていったらしい。ネットが未発達だった当時、取引には広い中古車展示場を必要としたため港湾周辺に中古車業者が集まり事務所を構えるようになった。2000年代に入っても対ロ中古車輸出は順調に伸び続け、絶頂期には市内の歓楽街にパキスタン人向けにパンジャビードレスを着たロシア人ホステスがボリウッドソングに合わせて踊る店まで出現したという。しかしそんな景気も2009年のロシア政府による関税法改正により急速に停滞。ほとんどビジネスは成立しなくなり現在に至る。それでも新潟の地に残るのは富山在住パキスタン人同様、仕事上の付き合いや家族事情などによるものだ。

こうした人たちが拠り所としているのが新潟モスク（Madani Masjid）である。新潟港に近い立地の新潟モスクは、富山のように市街化調整区域といった規制に抵触することもなく2018年4月に立派なドーム屋根とミナレットを持つ、白壁に覆われた大きなモスクを新たに敷地内に建設した。それまでは2002年12月設立したプレハブの礼拝スペースを長らくベースとしていて、こちらは現在イフタールなどを行う場所として活用されている。日没の時刻になると一旦このプレハブの旧礼拝スペースでデーツやパコーラー、フルーツミックスなどの簡単な食事で空腹感を和らげたのちに新しい礼拝堂で集団礼拝。そして本格的な集団共食がはじまる。骨付きのマトンがゴロゴロと入った分厚く油の浮いたアールー・ゴーシュトをおかずにナーンが配られていく。これが絶品。わざわざナーンを焼くためだけに、近くのパキスタンレストランからタンドール職人が招聘されていた。もちろん新潟モスクでのイフタールも富山同様温かく迎え入れていた

新潟モスク

だいた。静謐な祈りの場にお邪魔させていただくのだから決して失礼の無いように細心の注意を心がけるのは言うまでもない。

北陸・信州南アジア料理紀行

金沢のアシルワード

観光客でにぎわう風光明媚な金沢市。優雅で趣のある繁華街の一角にアシルワードはたたずむ。店内に入るとカラフルな色使いやインドから取り寄せたレトロな調度品などが現地の雰囲気を彷彿とさせつつも、不思議と穏やかな金沢の街並みに調和している。ここで供されるレギュラーメニューだけでも十分魅力的で、地元客だけでなく外国人観光客からの支持も高いが、時々企画される凝ったメニューのスペシャルイベントがあったりもする。訪れたこの日はお店自慢のビハール州出身のシェフたちによる、初の試みとなるビハール料理縛りの食事会が催され、都内でも食べることの少ないビハール料理をまさかの金沢の地でいただけたのだった。

ビハール食イベントが開催

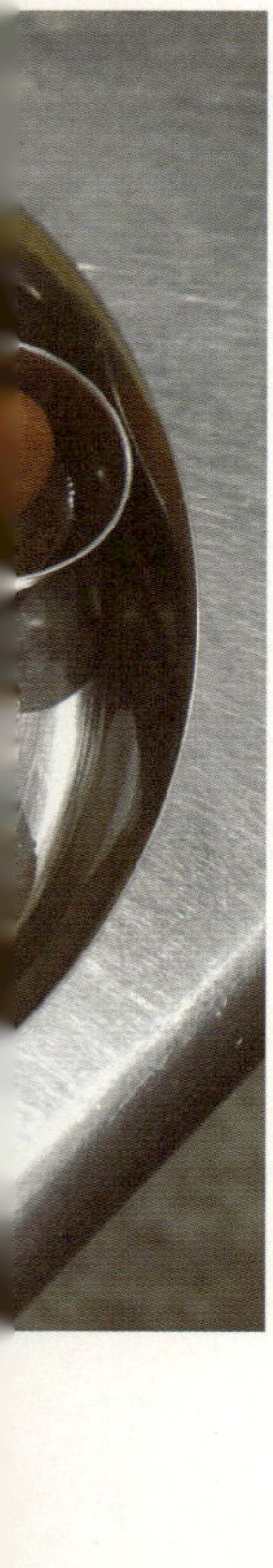

出来たのはそもそも2人のシェフたち（2018年9月現在さらに3人に増員）が全員ビハールの出身だからであるが、この特色こそが店主とシェフを結び付け、現在の店舗の繁栄につながるひとつのキーワードであり、磁場にもなっている。元々首都圏に在住だった千葉さんがネパール人奥さんであるセーヌさんと知り合ったのが現在も都内で複数展開するインド料理店ダージリンで、ここの初代オーナーもビハール出身。当時マスコミ関係の仕事をし、ネパールやインドとは接点の

シェフの故郷の味をフィーチャーしたアシルワードのビハール・スペシャル・ターリー

なかった千葉さんだが、たまたま勤務先の近くにあったダージリンに客として訪問していたところ、そこで勤務していたセーヌさんと出会い２００９年に結婚。結婚を機に二人のお店を持つという目標を立てた。

その後、都内で相応しい物件を物色し始めようかという頃に東日本大震災が発生。これを機に都内での店舗探しへのこだわりが消え、地方へと目を転じるようになる。縁あって金沢市で開業することになった時、自分も是非連れて行ってくれと志願してきたのがダージリンでセーヌさんと一緒に働いた経験を持つ人物で、現在もアシルワードで料理長として腕を振るうプロモジさんだった。

店のコンセプトやメニュー構成は全て千葉さんによって考案されている。そのコンセプトは誰もが思いつきそうでいながら誰にも思いつくものではない。例えば定番インド料理の純度をより高めることであり、一般的な北インドメニューであるバターチキンやナーン、サモサなどをより美味しくなるよう研究し、現地感も取り入れたリアルな仕上がりにすることで一般の地元客だけでなくインド料理通をも唸らせる。狙いすぎて複雑さをこじらせたようなインドメニューに走らず、かといって食材費を抑えて低価格化するといった方向にも向かわなかったところにアシルワードの独創性がある。もちろん冒頭で紹介したような、ビハールやネパールなどの地方性豊かな食イベントを時おり織り込むことで変化を持たせる企画力も素晴らしい。

松本のドゥーン食堂印度山

長野県松本市。周りを取り囲む山並みは、どことなくインドのガルワールを連想させなくもない。このまさに北インドの山懐深い情景に似た街の奥まった一角に、信州を代表する北インド料理店ドゥーン食堂印度山はたたずむ。初めて訪問した時、多少お客を待たせてでも作り置きせず一枚一枚丁寧に焼き上げる香ばしいチャパティの味とその潔い姿勢が印象的で、その後も折に触れては訪問している。

店主のアシシさんはウッタラーカンド州デヘラードゥーン出身。デヘラは「神のおわす場所」ドゥーンとは「渓谷」を意味する。かの地に行くと、この地名から取られた「ドゥーン・エクスプレス」という列車や「ドゥーン大学」といった建物名称を至るところで見かける。こうした例から、山に囲まれた松本市のドゥーン食堂というネーミングがとてもふさわしいことが分かる。

食文化的にウッタラーカンド州はクマオン、ガルワール、デヘラードゥーンの3つに大別出来る。ガルワールは内外に多くの厨房労働者、コックを輩出していることで有名だが、実は同じウッタラーカンド州でもガルワールとデヘラードゥーンでその食習慣が異なるとアシシさんは言う。耕作には不適格な山の傾斜地が多く、冬場は氷点下にもなる標高の高いガルワールは農業環境としては非常に厳しい。こうした場所で収穫される食材でマンドゥワ・キ・ローティー（シコクビエのローティー）やチェースー（ガハット豆で作るスープ）といった素朴な山の名物料理が作られてきた。一方、平野部であるデヘラードゥーンはバスマティ米の品種の中でも優良品種の

チャパティがことのほか美味しいドゥーン食堂印度山のターリー

産地として有名で、バスマティ米は別名デヘラードゥーン・チャーワル（デヘラードゥーンの米）と呼ばれるほどである。水田耕作に適した豊かな土地柄で、日常食は、朝はプーリーもしくはパランター、昼はチャパティとダール、夜はライスといったごく一般的な北インドの食事であり、特段山岳地帯のイメージはない。産地だからといって毎食バスマティの米食という訳ではなく、むしろチャパティが主食として好まれるという。

デヘラードゥーンには陸軍学校やインド陸軍駐屯地がある軍事的にも重要な場所である。そこには多くのネパール出身兵が在籍していて、軍人相手に商売する地元民にはネパール語を理解する人も少なくなかったという。また、かつてこの地方はネパール系の王朝の支配下だったこともあり、（国籍はインドでも）

人種的にネパールを出自としている人も少なくない。日本国内には多くのインドネパール料理店があるが、こうした店で働くインド国籍のネパール系もいる。

そんな話上手なアシシさんの地元話を聞いているうちに気付くと8枚ほどのチャパティを平らげていた。包容力のある微笑みを絶やさない奥様のマユミさんに馴れ初め話などを聞きながら絶妙な焼き加減のチャパティを頬張っていると、もう10年も愛用している、と言ってインドから持参したという鉄のタワを見せてくれた。この鉄タワから美味しいチャパティが生まれるのである。海外の旅行サイトでも取り上げられ、外国人客も多いドゥーン食堂印度山。松本市訪問の際は是非とも訪れたい店ナンバルワンである。

浜松での南インド料理パーティー

現在、浜松市中区でテイクアウト専門の南インド料理店Ammikkalを運営されている菅沼エリさんは、現在のお店を始める前から忙しい本業の傍らインドのピックルであるアチャールの製造販売に精を出し、浜松市内は元より東京のイベントにまで出店して販売していたかと思えば浜松のインド料理好きを集めて料理教室を開催したり、インド料理ケータリングユニットのマサラワーラーなどを呼んでインド料理イベントの企画をしたりと、様々なインド活動に邁進する活動的な女性。そんなエリさんであるから地元のインド人との交流も濃密で、特に静岡大学で勉強しているインド人留学生たちの共同部屋に出入りしては料理や文化の知識を貪欲に吸収していき、逆に彼らの生活の面倒を見たりもして、お互い持ちつ持たれつの良好な関係を構築していた。静岡大学は他の地方にある国立大学に比べてインド人留学生の数が多く、聞くところによると受け入れ態勢も整っており、インド人が関心を抱く分野の先生も在籍しているとのことである。

さて、そんなエリさんが、彼らの自宅で南インド家庭料理ディナーパーティーを企画してくれ

バナナ葉風プレートに盛り付けられたミールス

ることになった。浜松といえば、パキスタン料理店アル・レハマーノが名高いが、家庭料理には外食では体感出来ない特徴的な料理との出会いがあるので、こうした機会を得た場合、多少の無理をしてでも参加することを心がけている。

ディナーパーティーは約10人の南インド人留学生が大学近くのアパートの一室に集結してスタートした。彼らのうちの数人がここで共同生活をしていてたまり場のようになっているという。アーンドラ州グントゥール出身のジーヴァンさんご夫婦を除いてあとは全てタミル人男女という構成。大半はヒンドゥーだが、モハメッドさんというタミル・ムスリムも一人いてバランスが良い。挨拶かたがたモハメッドさんと話していると出身地はタミル式のビリヤニが有名だそうで、そんな料理話が盛り上がってくると実際に行きたくなって仕方なくなる。

事前の料理打ち合わせで何か料理リクエストがあるか聞かれたので、こうした場合ベジ料理に集中しがちなのを危惧して、コーラ・ウルンダイ（マトン揚げ団子）をリクエストしていた。ミールスパーティーに不可欠なバナナの葉風・紙皿が敷かれ、パニヤラム、プラウン・ビリヤニ、タイル・パチャディ、メドゥワダ、ペサラットゥ、チキン65、フィッシュ・フライなどといったメインコースが載せられていく。圧巻だったのはタミル女性タリニさん作のファルーダ。緑色に着色されたバミセリがいい色合いのアクセントになっていて素晴らしい。

進学・就職・結婚などで現在は共同生活していないそうだが、どこかの地方の留学生たちが勉強やバイトの合間を縫って今夜も誰かの家で手料理ディナーパーティーをしているかと思うと気もそぞろである。

名古屋で祝うダサイン

名古屋市は、全国で一番多くのネパール人人口を抱える自治体である。2017年の段階で、あの大久保を抱える新宿区や石を投げればネパール人に当たりそうな福岡市を抑えて堂々の在住ネパール人人口で第一位に輝いた。しかし、街が大きいせいか街中を歩いても福岡や大久保で感じるようなネパール人の強い圧は感じられない。元々愛知県下には世界に冠たるトヨタをはじめ自動車関連の工場などの製造業が多く、そうしたところで働く日系ブラジル人や外国人労働者も多かった。当然こうした中にはネパール人もいて、数年前あたりまで東京在住のネパール人が故郷から民謡歌手を招聘してコンサートして回る際は必ず豊田市や豊橋市などが行程に含まれていた。ネパール人はことのほかこの手の芸能が好きな人たちであり、皆で金を出し合ってネパールの祭事であるダサインやティージなどに合わせて市のホールなどを借り、近郊に住むネパール人を集めてしばしばドサ周り的な興行をして回るのが昔からお決まりだった。しかしここ数年はこうした郊外の各市よりも名古屋市内に在住する学生が増加傾向にあるようで、かつてのような愛知県下での興行の話は聞かなくなった。

「この周りにはネパールの学生いっぱいイルヨ」と、2018年7月にオープンしたばかりのカトマンズキッチンのオーナー、アジャイさんは忙しそうにテーブルを回りながら言う。店があるのは名古屋市中村区竹橋。周囲にはネパール人学生が多く住む格安アパートが多く、この日の客層も大半がネパール人の学生たち。それにしても、次から次へとお客が途切れない。アジャイさんによると家族滞在で来ているネパール人学生はむしろダサインのこの日は家族と一緒に過ごすためこれでも客は少ない方だという。

　カトマンズキッチンから数十メートルのところには親戚筋が経営しているというネパール食材店があり、周辺を往来するネパール人の若者も増えてくる。この一帯を歩いてようやく名古屋が全国一のネパール人人口であることを実感出来てくる。ちなみに名古屋は港区を中心に中古車輪出業に携わるパキスタン人やスリランカ人も多いが、カトマンズキッチンに来ていたお客の中に、来日後自動車整備の学校に進み、いまはパキスタン人などに混ざって中古車輪出の仕事を自営でしているというネパール人がいた。いまはまだ少ないが、やがて飲食業だけでなく、在日パキスタン人のお家芸的な中古車輪出関連の分野にも進出して行くネパール人が増えるのだろうか。改めてネパール人の逞

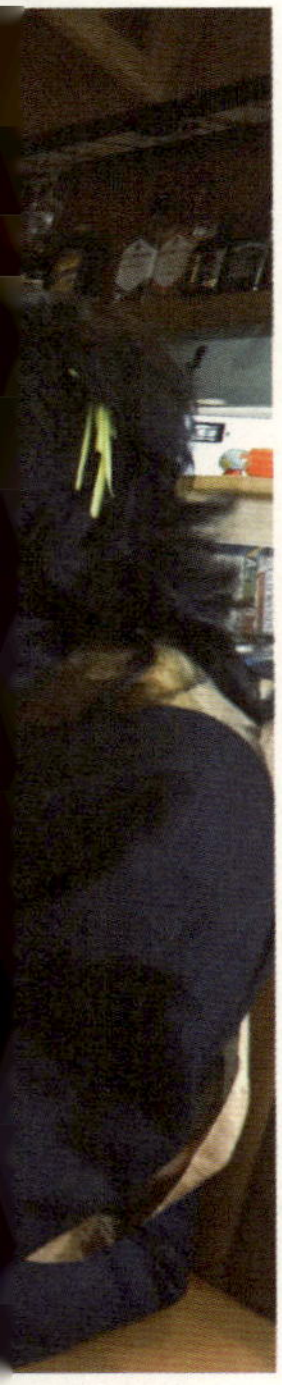

しさを感じた。

　ダサインをどこかで祝っているところを目撃したいと思いつつ、特に知人のネパール人もいない名古屋なので半ば諦めかけていた。そんな矢先、とある場所に向かうべく車で中村区本陣通のあたりを走行中、ふと通り過ぎた道の片隅に「ネパール料理ローカルキッチン」というあまりにもストレートなネーミングの店が気になり引き返す。時刻はアイドルタイムの16時で店の看板はcloseになっているが、カーテン越しに薄暗い店内に複数の人たちが蠢いているよ

温かく迎え入れてくれたローカルキッチンのオーナーさん家族

家族で食べられるダサインの祝膳

うにも見える。ドアも完全には閉まってない…。しかし、ここでいきなりドアをノックするのは不躾であるだけでなく却ってその積極性が裏目に出ると想定されたので、表に出ているメニュー表などを見るふりなどしてしばしウロついてみる。するとどうだろう。案の定ドアが開いて「スミマセン、イマ休憩中デス…」と額に赤く着色された米粒をたくさんつけたネパール人女性が顔を出した。「それはすみませんでした。ところで、その額はもしかして…。ああ、そういえば今日はダサインでしたね」と、ネパール語混じりで言ってみるとやはり中でダサインのお祝いを休憩中にやっていて、よければどうぞとお誘いしてくれた。中ではオーナー夫婦と四日市市から来たオーナーの友人、昨日来日したばかりというう、大麦の苗ジャマラを耳にかけた奥さんと息子さん、義母さんが祝膳を食べている。しばらくするとセルロティ、パパル、ミックスアチャール、マトンカレー、プラオ、ラッシーなどのご馳走が運ばれてオーナー夫婦と歓談。こうして今年もめでたくダサインを迎えることが出来たのだった。

名古屋パキスタン料理紀行

愛知県には47都道府県のうち最も多くのモスクが存在するという。中古車関連の仕事に従事するパキスタン人が多いからだろうか。ラマダーン月のイフタールでもない限りそこで食事している風景に出合うことはないが、金曜礼拝の際にハラール料理のケータリングが見られる場合もあり、その周囲にハラール食材店・料理店が点在している場合もある。

名古屋モスクの歴史は古く、記録によると昭和6年には名古屋市千種区に既にモスクが存在したという。これは現存最古のモスクである神戸モスクより4年早い建設で、日本最古のイスラーム礼拝所ということである。残念ながら戦災により焼失し、現在の名古屋モスクは戦前のものとは繋がりのない別の運営組織・建物であるが、古くから名古屋にはムスリムが活動していたことが分かり興味深い。

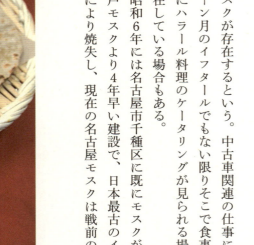

ちなみに現在の名古屋モスクは名古屋大などの学生が中心となって1988年に設立された名古屋イスラム協会によるもので、いくつかの簡易礼拝所を転々としたのち1998年に中村区本陣通に建設されたものである。

これとは別に、2006年に完成したのが名古屋港モスクで、中古車オークション会場や積出港に近い立地に多くのパキスタン人やスリランカ人ムスリムが集まることから建設された。周囲にはアッバシやU-Khanなどのパキスタン料理店もあり、スリランカ

現地感を強く感じさせるアッバシのニハリ

イヤーマンレストランでショーケース販売されているミターイー

系ハラール食材店もある。毎週金曜昼になると多くのムスリムが礼拝に訪れる。礼拝が終わり外に出ると、出入り口の脇でビリヤニやミターイーを売っている恰幅のよいインド人がいる。彼は近くのイヤーマン・レストランに勤務するルクディンさんで、インド・西ベンガル州出身のムスリムである。このイヤーマン・レストランを初めて訪問した時は驚いた。そこには見事なミターイーの数々がガラスのショーケースに入って陳列されていたのである。インドの菓子屋ではよく見る光景だが、まさか日本でこのようなインドの菓子屋然とした光景が見られようとは。イヤーマンのオーナーは来日30年のアフサールさんで、実家ではこのような菓子を製造販売していたという。若い頃から来日して様々なビジネスを成功させ、現在の場所で念願だった菓子屋を開いた。店名のイヤーマンとは「耳の男」の意味で、息子さんが幼少期、彼の耳をいたく気に入って触ったり舐めたりしたことに由来する。各種バルフィー、ペダー、グラーブ・ジャームン、ジャレビーなどが色とりどり見事に陳列されているが、アフサールさんに言わせると現在の店舗はまだ仮の状態で、内外装などさらに改装し、飲食メニューもこうしたいああしたいととても豊かで壮大な構想を熱心に聞かせてくれた。

名古屋港モスクから国道23号線を一路西へ。以前名古屋市港区のアッバシの社長からその存在を聞いていた愛知県飛島村の Al Mustafa Masjid へ。港モスクはスリランカやパキスタンのパンジャーブ出身者が多く、一方こちらに通ってくるのはパシュトゥーンの人が多いという。マスジドは春日井市の春日井イスラミックセンター及びアジア食堂サキーナを運営している日本人ムスリムの方の運営で、看板は出ていないが併設の食堂でニハリ、パヤ、ビリヤニなどが食べられる他、ハラール食材も販売している。サキーナもそうだが本当にインドやパキスタンで食べているようなリアルな雰囲気に興奮する。もちろんメニューもなく、「今日は何がある?」とその都度料理人に聞く向こうのスタイル。料理人はネパール人だが、北インドのニハリワーラーが作るようなナッリの無い小さいカットされた肉片の入ったニハリとナーンといった北インドのムスリム食堂を彷彿とさせる味。次第に礼拝に参加するパキスタン人も集まってくる。コンクリートのブロックを重石に乗せてダムされたチキンビリヤニも迫力満点。

Al Mustafa Masjid からさらに西へ西へ。かつて射水市など富山の名店を渡り歩き、地元のカレー愛好家たちからも親しまれていたパキスタン人シェフ・カムランさんが在籍する弥富市のインターナショナル・ビレッジへ。長らく名古屋市の金山で経営されてきたカシミールや富山8号線のプレハブ店舗で名高いカシミールと同系列のこの店に到着してまず度胆を抜かれるのはそのヤード然とした外観である。郊外の解体ヤードにはままある光景だが、のどかな田園風景の中に忽然と出現する、外界と遮断するかのような背の高い鉄板で覆われた塀。この塀の中のコンテナを改造した店舗が目指すインターナショナル・ビレッジなのである。このいかにも中古車輸出ビジネスを象徴するような秀逸な店舗デザインは一体誰の手によるものだろう。店舗に入るとさらに驚かされる。外観からイメージするのとは対照的に、中は明るく清潔なのだ。カメラ慣れしたカムランさんを記念撮影し、早速ホワイトボードメニューからマトンカレーとマライティッカをオーダー。彼の料理の醍醐味とされる多めの油が皿の上部にこってり浮いている。このスパイシーな油こそが美味しさのキモ。ややクドく感じて来たらレモンやアチャールの酸味で味変させればノープロブレム。これだけのご馳走なのだし久しぶりにコーラを奮発。贅沢なディナーになった。パキスタン人のカムランさんをはじめ、ホールやキッチンスタッフはネパール人やスリランカ人で構成され、確かにここが国際村と呼ぶにふさわしい場所だと思い至る。

第4章

西日本に於ける
インド亜大陸

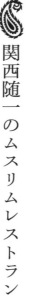

関西随一のムスリムレストラン

オリジナルに忠実な、本場パキスタンの味を誠実に提供し続ける大阪ハラールレストラン。関西圏以外からも広く客が訪れる関西随一のムスリムレストランである。オーナーのアバシィさんは大阪マスジド設立にも尽力した大阪ムスリム界の功労者。豚もアルコールも一切置かない厳格な経営姿勢から、ともすると質実剛健な気難しい人と誤解されがちだが、多くの在日ムスリム同様人格者であり、その柔和な微笑に癒される客は少なくない。アバシィさんの来歴から大阪のムスリムシーンの側面が垣間見える。マスジド設立の経緯などを伺った。

――どのようにして料理の道に入ったのですか？

「1971年にパキスタンのアザド・カシミール領内のラワラコットで7兄妹の長男として生まれました。軍人だった父を幼少期に亡くしたことでかなり早い時期から実家を離れラホールの簡易食堂で働くことになりました。しかし仕事のキッさと酷暑期の暑さで約半年しか続かなかった

Y字路に拠を構える大阪ハラールレストラン外観

のです。元々少年時代に育ったのは山林に囲まれた涼しい故郷カシミールでしたが連日気温40度超えが当たり前の酷暑期の大都市ラホールで、見知らぬ土地の不慣れな仕事と食環境はかなり辛かったです。

地元ではパキスタンレストランの定番であるニハリやハリームを食べる習慣はなく、ラホールに来て初めて知ったメニューでした。そもそも生まれ育った町が小さくナーン屋（ナーンバーイー）すら存在しないような環境で、もっぱらダール（ロビヤ豆を食べることが多かったという）とライスなどの素朴な家庭料理が食の中心でした。グシュタバやリシュタは知っていますが、ワズワーン料理文化はあくまでもカシミール語を話す地域の人たちの料理で、ウチの方では一般的ではなかったですね」

——その後転職してスキルを上げていくんですね？

「次に働いたのがイスラマバードにあったAlibabaという席数250の巨大人気店でした。はじめは洗い場担当でしたがやがて厨房に回るようになりました。ここで3年間働いたことにより料理人としての基礎を学ぶことが出来たと思っています。オーナーと従業員との関係も良好で、従業員で構成したバレーボールのチームで大会に出場したのも楽しい思い出です。

その後ラワールピンディにあったHotel Kashmir innに転職しました。その名の通り厨房には同郷のカシミール出身者が多かったです。オーナーは国内外で手広くビジネスを手掛けていて、パキスタン国内では製糖工場や旅行会社、不動産会社などを所有していました。このオーナーが日本人パートナーを介して出資していたのが当時銀座にあったパキスタンレストラン・ガンダーラでした。ここで初めて日本に来るきっかけが出来たのです。1986年にガンダーラの厨房スタッフとして初来日して約3年勤務しました（銀座ガンダーラは2009年に閉店）」

——大阪に行ったのはどうしてですか？

「銀座で料理人として働いていましたが、地元にはまだ小さい弟や妹たちがいましたので、学資など仕送りを続けていました。当時周りにはパキスタン人が多かったんですね。それでより大きな収入源を求めて調理の仕事を離れて埼玉県八潮市にある鉄工所に勤務しました。確かに収入は良かったのですが、当時3K産業と呼ばれた重労働がキツくて1年も持ちませんでした。ただ鉄工所の社員旅行で行った大阪の街がなぜか気に入り、退職後大阪に行って製本工場などで3年ほど働いて資金を貯め、多くの在日パキスタン人同様に中古車貿易業を起業しました」

――神戸には戦前から存在する有名な神戸モスクがありますが、大阪でのムスリムの礼拝はどのようになされていたのでしょう？

「当初は中央区本町にビルを所有していた知人のインド人ムスリムのビジネスマンからラマダン期間中だけ１００人ほど収容出来る部屋をムサッラー（簡易礼拝所）として借りていました。当時既に調理の仕事から離れていましたが、日没後のイフタールは私が調理して無料で提供していたのです。ですが、やはりこうした簡易施設ではいろいろと無理が生じてきて、次第に関西圏在住のパキスタン人を中心としたムスリムの間でマスジドの建設を、という機運も高まっていきました」

――それで大阪マスジドが設立されるんですね？

「当時ようやく末の弟が学校を卒業し、仕送りのプレッシャーから解放されました。そこでかなり精力的に、マスジド設立資金のための募金活動をすることが出来ました。関西圏だけでなく、関東や東海・富山・九州・長野など全国各地のイスラム関連施設や中古車業者を中心に約2か月行脚しました。中古車貿易で成功したパキスタン人の中には１００万円以上の喜捨をしてくれた人も居ましたね。こうして集めた資金で２０１０年に西淀川区大和田にあった鉄筋4階建ての専門学校の元校舎を購入しました。国内調達出来ない必要部材はパキスタンから取り寄せるなどして改装して名前も大阪マスジドとしました」

大阪ハラールレストランのランチセット

――念願のマスジドの近くでいよいよ大阪ハラールレストランをスタートさせる訳ですね？

「中古車貿易業をやっていたので当初は飲食営業するつもりはなかったのですが、2013年4月にマスジド前にあった小さな喫茶店がちょうど空いたのを機にここで同胞向けのハラール料理店を開くことにしました。とはいえ当初は集客数が分からないので中古車の仕事は続けていました。礼拝に集まる金曜日を中心とした営業で看板もメニューも置いていませんでした。こうしたメニュー無しの日替わり料理提供という食堂スタイルはパキスタン国内ではよくある形態ですし、当初はあくまでも同胞向けと考えていたので。開店後も2年ぐらいはレストランと並行して中古車の仕事も行っていましたが、ムスリム客だけでなく、日本人の南アジア料理ファンもかなり早い段階で訪問してくれていました。彼らは工事中の頃から出入りしていましたよ（笑）。彼らによるネット情報を通じて多くの日本人客もやって来るようになり、メニューなども整えていきました。やはり日本語で説明する必要がありますから今ではレストラン業一本に絞っています。おかげさまで今では大阪に来るインドネシアやマレーシアなどからのムスリムの観光客が増えてきています。当初は想定していませんでしたが、こうした多くの客を収容出来るよう、２年前には店内増築も完了しました」

――店名にもこだわりがあるそうですね。

「店名を大阪ハラールレストランに決めたとき、仲間のパキスタン人からは反対されました。Zaika（味）やカシミールなどのパキスタンの定番の名前がいいと言うのです。しかし好きな大阪にあるハラールのレストランということでどうしても大阪ハラールレストランにしたかった。ハラールという字は是非とも入れたかったですし」

美味しい料理を提供することで多くの人が集まり、その中には近くの大阪マスジドにも立ち寄る人も出てくる。こうして食を通じてイスラム教へと関心を向ける日本人が一人でも増えることがアバシィさんの願いでもある。

ふたつのインド料理世界

家庭料理と外食料理という分け方はインドに限らずあらゆる世界中の料理に共通する分類方法だが、インドの場合そこに衛生概念や宗教観念などが密接に絡んでくるため、特に双方の差異は大きい。たとえば相手がどんな宗教やカーストかもわからない人間の作った料理はよろしくない、といった浄・不浄の考えがいまだに根強い。ヒンドゥー寺院での祭礼料理の作り手は基本的にカースト最上位のバラモン（ブラーフミン）が大半である。一方で世界に冠たる外食インド料理産業は、内的・外的な様々な要素を柔軟に取り入れて多様な変化を遂げつつ今も進化の真っただ中にある。アジアのベストレストラン50で4年連続1位に輝いたバンコクのガガンの例を引くまでもなく、洗練された技術を持つ料理人はスター的な扱いである。社交の場では華のある料理が欠かせず、ファイブスターホテルで夜毎繰り広げられる芸能人やセレブのパーティーはインドの新聞のゴシップ欄を毎日賑わせている。インド人は何よりもこうした華やかな場が好きな人たちなのである。

この対極的な概念を持つふたつの料理、つまり家庭料理と外食（ホテル）料理という重要な要素を代表するふたつのインド料理の名店が同じ市内の、それも1キロと離れていない場所に存在する。一方はあらゆる意味で本当にインドの家庭の食をリアルそのままに食べさせてくれるインド家庭料理クスム、もう一方はタージ、オベロイ、アショーカというインドを代表する超一流ホテルの厨房を渡り歩いたビジョン氏がオーナーを務めるインド料理ショナ・ルパ。ハシゴ出来る距離にこうしたふたつの名店があるところが神戸の神戸たる所以であり、家庭インド料理と外食インド料理というふたつの概念を行きつ戻りつしながら思いを馳せてみるのも楽しい。

インド家庭料理クスム

インド家庭料理クスムの何が魅力的かというと、通常の外食では味わえないリアルな家庭の味そのものということに尽きる。厨房では店名ともなった2代目店主の奥さんクスムさんをはじめ、クスムさんのいとこで店の運営のため招聘されたシュクラ氏の妻ウルミラさん、その息子の嫁であるシプラさんという全員が親戚筋で、しかも皆さんふくよかな中年女性たちが厨房に入っていて、その日のコンディションによって主菜メニューはもちろんその味や野菜の切り方などが変わったりボリュームが増減したりする料理を出してくれる。お客さんとしてインド人のお宅でいただくご馳走とも違う、本来の意味での北インド人の何気ない「いつものメシ」が食べられる、日本だけでなく世界的にも稀有な場所である。

リアルな家庭料理を堪能できるクスムのディナー

クスムの前身であるＩＰＳ（Indian Provision Store）は１９７８年に開業。創業者の北インド・ウッタルプラデーシュ州スルターンプル出身のハリラーム・テワリ氏は本業が繊維商で、来日当初は大阪の貿易会社に勤務していた。開業当初、先行しているインド食材業者としてはビニワレさん（有限会社インドスパイス）しかいなかったが、客足の確保に苦労したという。90年代半ばまでビジネスは順調に伸びていくが、95年の阪神大震災で自らも被災し、取引先であるインド料理店も撤退するところが少なくなかったという。店はハリラーム・テワリ氏から2代目のＡ・Ｋ・テワリ氏に代替わりしていた２０００年、同じマンションの5階にバルン・ボージャナーレヤという食堂を開設（ＩＰＳは3階に入っていた）。これは今も事情通の間で伝説的に語り継がれる店で、現店舗を開く前に存在したマンションの一室を利用した本当の意味での家庭料理店。２０１１年の火事により惜しくも消失した。

その後現在のハンター坂中腹に場所を移して冒頭のようなリアリズム家庭料理を提供し続けている。現在事実上の4代目として中心的に働くプリンス氏は大安亭市場の一角に、奥さんであるシプラさんの名を冠した、チャートなどを食べさせるストリートフードの店を２０１８年9月に出店。基本的にテイクアウト専門だが、店頭に簡素なベンチが準備されそこで食べることも可能。店舗外観といい商店街の雑踏の中食べる感じといい、インドのストリートフード感を色濃く体感することが出来る店となっている。

インド料理ショナ・ルパ

オーナーのビジョン・ムカルジー氏は１９４９年カルカッタ（現コルカタ）で生まれた。大学を終える頃、新聞でホテルがシェフを募集しているのを見てそのような仕事もあるのかと興味を持つ。父に相談しホテルマネージメントを学ぶ専門学校に進学し、そこでさらに4年ほどみっちり学ぶ。授業は厳しく、同期入学した40人のうち卒業出来たのは12人だったという。19の主要なカリキュラムがあり、経営、販促、顧客対応などといった科目の他にもちろん料理もあり、インド料理はもちろん中華、フレンチ、イタリアン、ＢＡＲなどといった科目があった。

特に日本国内で出会うインド料理のコックさんは割と地方出身で世襲または近親者の紹介でこ

真のインド一流ホテルの味を堪能できるショナ・ルパのディナー

うした仕事に就いた人がほとんどで、ビジョン氏のようなある種自己実現のために料理人の仕事を選び取った人というのは珍しい。この学校を出てITDC傘下にある政府系大手ホテルチェーンのAshoka Hotelに就職。いくつかの支店勤務を経て、国内外の新規支店の立ち上げにも関わったのちTAJホテルグループ、オベロイホテルグループといったインドを代表する有数のファイブスターホテルで勤務。こうした超一流の場での勤務経験が氏のアイデンティティとなっている。

その後、当時レディ氏、アショク氏、カンジ氏という3人で共同経営していた神戸の老舗インド料理店ゲイロードのカンジ氏が、神戸市東灘のシルクロードガーデンビル内に新たに開いたカマールの料理長として招聘され1991年に来日。当時インド料理は高級路線が主流で、ビジョン氏の豊かなキャリアに裏打ちされた確かな技術と接客は神戸で歓迎された。しかし、そんな来日して年数も浅い95年、阪神大震災が神戸を襲う。店は再建したがこれを機に独立し、自らの店ショナ・ルパを高級レストランが立ち並ぶ繁華街・三宮の一角でスタートし現在に至る。こうした経歴から出される料理は食材や味の素晴らしさはもちろん、最近の大衆化されたインド料理店では味わえない上質な雰囲気とリッチな満足感を与えてくれる。こうした感覚は他の高級インド料理店でも体感出来ない。ショナ・ルパだけが持つ唯一無二のものである。

神戸スィク寺院（神戸グルドワーラー）探訪

遠くには港が見える高台の見晴らしのいい閑静な住宅街に、神戸在住スィク教徒にとっての精神的な拠り所である神戸スィク寺院が忽然と出現する。建物も周辺民家に溶け込んだ感のある木造モルタル造りの外観で下手をすると気づかず通り過ぎかねない。毎週日曜日の昼、ここにスィク教徒の人々が集まりインドから招聘された楽師によるキールタン（賛歌）吟詠が厳かに流れる中、寺院2階にある祭壇に参拝が行われたのち、ランガルが行われる。

スィク教の教義では全ての寺院で宗教やカーストを問わず、参詣者全てに無料で食事がふるまわれる。食事の準備、配膳、後片付けも全てセワダールと呼ばれるボランティアが交代であたる。これをランガルと呼び、インド・アムリトサルにある総本山・黄金寺院では一日平均で約75000人の参詣者のた

め早朝から深夜までほとんど24時間体制で食事が提供し続けられる。巨大な食事場で皆が一同に並び食事をする光景は圧倒的である。ただしこれは多くの信徒を集めるインド本国の総本山に限った場合であり、特に海外のスィク寺院におけるランガルは便宜的に昼の時間のみだったり、あるいは一週間に一度または二週間に一度というケースもある。それでも様々な制約のもとランガルが続けられるのは、それがスィク教にとって重要な教義だからに他ならない。ちなみに神戸のスィク寺院での

神戸グルドワーラー外観

ランガルはかつて金曜日も行っていたというが、現在では毎週日曜日のみとなっている。

肉やバターを多用するイメージの強いパンジャーブ料理だが、ランガルで供される食事内容は純ベジタリアンである。ある意味こうした場でいただくパンジャーブ料理こそが最もオーソドックスでオーセンティックなものであるのかもしれない。ここの厨房で中心となって働くのはインド人ではない。何とミヤザキさんという日本人の女性である。二人の日本人のパート女性や若いインド人男性ボランティアたちに厨房内で指示を飛ばしながらテキパキと働くミヤザキさんは約40年もここで働いているという。失礼ながら年齢を伺うと何と御年79歳。基本的にこうした場では奉仕活動が重視されるが、もちろん彼女たちは寺院から賃金をもらって働いている。若いインド人男性ボランティアがチャパティをこねたり揚げ物をしたりといった調理補助から、鍋を運んだりゴミ袋を外に出したりといった力仕事まで様々な手伝いをしているが、ことあるごとにミヤザキさんに確認したり指示を仰いでいる姿が印象的だ。もちろんやりとりは日本語でなされている。ルックスはパンジャーブ人でも皆神戸生まれなのだ。在神戸インド人は最も若い世代（赤ちゃんの世代）で初代から数えて五世代目だそうである。

ランガルの費用はたいていスポンサーと呼ばれる資金提供者によって賄われる。スポンサーとなる理由は様々で、仕事・健康などの願掛けが目的だったりする場合もあれば、単に家族や友人にふるまいたいという場合もあるという。費用は呼び寄せる人数や作るメニューによって異なるが、大体40人から多い時で１００人超、４万円台から8万円台ぐらいだという。また寺院の壁には各週のスポンサーが一目で分かるように表が貼りだされていて、確かに先の先までスポンサーで埋まっているのが見て取れる。仮にスポンサーがつかない場合は寄付金からランガルが賄われる。

ランガルのメニューは基本的にはスポンサーによって決められるが、ミヤザキさんにおまかせの場合も多い。元来全くインド料理の知識も興味もなく、今でも寺院で食べる自分たち用のまかないは和食というミヤザキさんだが、数十通りものパンジャーブ料理レシピが頭に入っているという。この日のメニューはチャパティ、ダル、キャベツのサブジ、パコーラ、ダヒ、ライス、及びカラー・パルシャード。

厨房の調味料類の入った、いわゆるインドでいうところのマサラボックスには海苔の缶や空になった瓶詰の瓶の上部にマジックで「マサラ」「ハイミー」「タンサン」など太書されている。まるで昭和の日本の台所だが、それが神戸インド文化の心臓部であるところが興味深い。来場しているスィク教徒も多くは年配層で、同世代のミヤザキさんと長話しているスィク教徒のおばあさんも多い。こうした雰囲気は明らかに東京のスィク教寺院と異なる。

神戸スィク寺院の歴史は古く、元々1952年に中央区磯上通りに建立されたものが1966年に現在の中央区野崎通りに移設された。ミヤザキさんが働き始めた頃は既に現在の中央区野崎通りだったが、磯上通りにあった旧寺院もよく覚えているという。そもそもミヤザキさんがこの寺院で働き始めたきっかけはお姉さんがここで働いていたからで、当初お姉さんは南京町の華僑

グルドワーラーの厨房で調理するミヤザキさん

ランガルでは有志の方たちが給仕係を買って出る

のクラブで働いていて、そこに出入りしていたスィク教徒の声かけでここで働くようになったという。諸事情でお姉さんの後を継いでスィク寺院で働きだしたものの、当初はインド料理用語すらわからなかったため、伝手をたどって当時神戸市中央区にあったインド領事館の専属コックさんを訪ね、目で見て盗むようにして習得して行ったという。当時のインド領事館は小さい戸建てであり、領事一家が住居兼事務所として居住していた。台所はそこに併設されていた。こうしたミヤザキさんのインド料理習得の歴史はそのまま神戸のインド食文化の歴史の一側面でもあり大変興味深い。古く長いインド交流史を持つ神戸は、掘れば掘るほど様々な事物が立ち現われて常に憧憬の地であり続ける。

インド人邸宅の日本人家政婦さんの世界

インドを旅していると、友人知人のお宅に招かれて食事をご馳走になる機会が少なくない。そうした料理はたいていその家のお母さんの手によるものだが、中には最終的な味付けや仕上げこそお母さんが担っているものの、野菜を切ったり皮をむいたりの下ごしらえはサーバントと呼ばれるお手伝いさんが担当している場合が多い。日本でお手伝いさんというと相当な上流階級のイメージがあるが、カーストの影響によるものなのか、インドではサーバントを雇うのはさほど特別なことではない。デリーなどの都会では共働き家族も多く、北インドの農村出身の女性を料理担当で雇う家庭は多い。他にも掃除・洗濯・子守りなど家事全般、車の運転手などサーバントがそれぞれ存在する。インドの場合割と平均的な家でもこうした人たちが活躍していて、むしろ家の主人が掃除や洗濯など日常の雑事をこまごまとこなす方が奇異に映る。大手企業の日本人駐在員家族が数年のインド駐在期間中にすっかりこのサーバントのシステムに慣れ、帰国と同時に再び自分たちで家事をこなさなければならなくなって閉口するという話もよく聞く。

さて、このような文化で育ったインド人が日本に来て、まず必要とするのがこの手のサーバントである。特に戦前から神戸に移り住んでいたインド人たちはかなりの富裕層であり、インドでは何人ものサーバントを従えていたはずである。とはいえさすがにインドからサーバントまで連れてくるほどの人はいない。そこでサーバントの現地調達が必要となってくる。つまり日本人家政婦さんである。現在も神戸の街を歩くと在住歴の長そうな、身なりの良いインド人の老人を見かけるし、何より北野周辺のマンションやビルの案内板を見ると、たいていインド人の家族名がビルの名前に記されていて、それらがインド人の所有であることが分かる。

そんなインド人富裕層宅で働く日本人家政婦のAさんをとある筋から紹介してもらった。その方の仕事は主に食事面以外の家事一般で、実際にそのような方も多いという。やはり台所内での仕事は特別であるらしい。とはいえ彼女の知人の家政婦さんには複数のインド人宅の台所仕事だけ専門にしている方もいて、預かった台所の鍵をジャラジャラいわせて歩いているという。やはりインド同様、材料の買い出しと下ごしらえのみを主に担当し、調理や仕上げなどはその家庭の奥様がなさるという。そこで作られるのは、主に純菜食のインド料理。雇い主の多くがジャイナ教徒だからである。現在でこそインド食材はネットでも購入出来るようになり、また1969年にはスパイス店のビニワレさんが開業したが、それ以前にはトヨタクラウンに香辛料を詰め込んで行商に現れていた日本人業者がいたなどといった興味深い話を教えてもらった。

Aさんが家政婦になったきっかけは、たまたま以前神戸市内の某インド料理店でアルバイトを

DELHI 外観。昨今の派手な外観のインド料理店とは対照的なたたずまい

インド料理店としては神戸最古参の DELHI のディナー

していた時に現在の雇い主に声をかけられてというもの。インド料理店でアルバイトをしたのも家政婦仕事を始めるようになったのも、取り立ててインドに関心があったからではなく、たまたま時給のいい仕事だったからだという。インドが空気のように街中にあふれている神戸らしい話である。募集は公でなく、友人知人の紹介といった口コミ経由が多かったそうである。

神戸は戦前から多くのインド人が居住してきた歴史を持つのにインド料理店の歴史は意外と浅い。神戸に初めて出現したインド料理店が1963年創業の北野にあるインド家庭料理DELHI。しかも創業者は若菜さんという日本人であり、インド人出資によるインドレストランの嚆矢は1973年のゲイロードである。かつてはリトル・ボンベイとまで呼ばれた神戸なのだからインド料理店が密集していてもおかしくないのに、東京などに比べてもかなり出店が遅い。おそらくそれは貿易業を主とした旧世代のインド人たちが外食をビジネスとして捉えていなかったこと、インド料理を交えた商談や宴席は会員制社交クラブのIndia Clubなどで行われていたことの他に本来食に保守的なインド人はあくまでも食事は家庭で食べるものであると考えているからで、そうした家庭料理を下支えしているのが日本人家政婦さんという存在なのだろう。

いにしえのインドの残り香

インド人街としての神戸の歴史は重層的で長い。1990年代に東京が上回るまで、神戸は日本最大のインド人人口を抱えた街として長きにわたり君臨した。特に戦前の1930年代、在神戸インド人人口は最高潮を迎え、磯上通、八幡通、磯辺通にかけての一帯は「リトルボンベイ」「ボンベイタウン」とまで呼ばれたという。「一時期の神戸経済は確実にインド人が動かしていた」などといったまことしやかな噂を今でも耳にする。

そんな戦前から続く神戸在住の、インド人の社交場として最初に設立されたのがインドクラブである。その母体は1904年設立のオリエンタルクラブと名付けられた在神戸インド人の親睦団体で、1913年に現在のThe India Clubに名称変更した。言うまでもなく日本に於けるインド系諸団体の中で最古の組織である。その本部は三宮駅から異人館へ北上する北野坂の中腹の、土日は観光客などでにぎわう一角にある。The India Club ― Rajendra Jivanlal Jhaveri（創立者の名前）と書かれた門をくぐると、2008年に改装されたばかりのモダンで立派な建物が現れる。

インドクラブは基本的にインド人からなる会員制で、厳密には会員以外は飲食出来ないことになっているが、数年前より毎週水曜日と土曜日のランチタイムに限り一般開放されていて外部の者も食事をすることが出来る。ランチメニューは水曜日がナーンとチキンカレー、野菜カレー、ほうれん草カレーという北インド的セット、土曜日がワダ、イドゥリ、ドーサ、ウプマなどの南インド的セットとなっている。これらの料理を作るコックさんたちは現在カルナータカ州出身が3名。料理は丁寧で上品であり、さすがは格式高いインドクラブであると感じさせる。出身者の特徴なのかサンバルがチリで赤くコクが強調されている。カリっと揚がったワダも実に隙のない味だ。しかし味もさることながら、こうしたいにしえから続くインド人の秘めた社交場でいただくことが出来るという感慨深さは格別である。

このレストラン会場ともなっているイベントホールはインド独立記念日、インド共和国記念日、ディワリなどのインドにちなむクラブ主催のイベントから、結婚式、誕生日会、送別会、セミナーといった外部イベントにも貸し出されている。ホールには厨房が併設されており、イベントに供される料理の他、毎晩17時～21時のクラブ会員用のディナーがここで調理される。ディナーメニューは日替わりで、とある日のメニューを見るとやや北インドメニューが多めだがベジとノンベジがバランスよく配合されている。価格は会費によって一部賄われているせいかバターチキン600円、チキンティッカ700円など外部のインドレストランより割安で、平日の夜の利用客は多くても約10～15人程度らしいが週末は50～100人程度の利用があるという。この他カレードルームやバールームなどの部屋もあり、インド人会員の社交に寄与している。なお、クラブの主要な構成会員は繊維関係や真珠関係などの貿易業者が中心だが、特定の業種や出身・宗教に限定されている訳ではない。大まかな比率でグジャラート出身者が7割、パンジャーブ出身者他が3割とのことである。かつて会員のステイタスはかなり高く入会条件も厳格だったらしいが、時代を経るに従ってやや軟化したという。

神戸にはもうひとつ戦前から続くインド人の組織がある。1930年代後半に当時のインド、現在のパキスタン・スィンド州出身のスィンディー商人が中心となって設立されたIndian Social Society（ISS）である。戦前の神戸では、繊維製品の輸出にスィンディー商人がかなりの割合で携わっていたという。ここは現在でもスィンディー出身者が中心となって運営されていて、特に彼らによって信仰されているサイババやクリシュナ神にまつわる儀礼の時には会員たちが多く集まり大きなホールで儀礼が執り行われている。その際は併設されている厨房で来場者用の食事が作られる。施設には世話役の日本人のアルバイトもいるが、大掛かりなインド料理を作るときは関係筋の飲食店からインド人のプロのコックが臨時に招聘され作業にあたる。訪問時、やはり彼らから篤く信仰されているスィク教開祖グル・ナーナクの生誕祭だったためこうした調理現場も目撃することが出来た。当然のことながら全て厳格な菜食メニューである。尚、インドクラブが週二回ながら一般開放しているのに対し、ISSはあくまでも内輪だけの組織として機能し特にそのようなことはしていない。

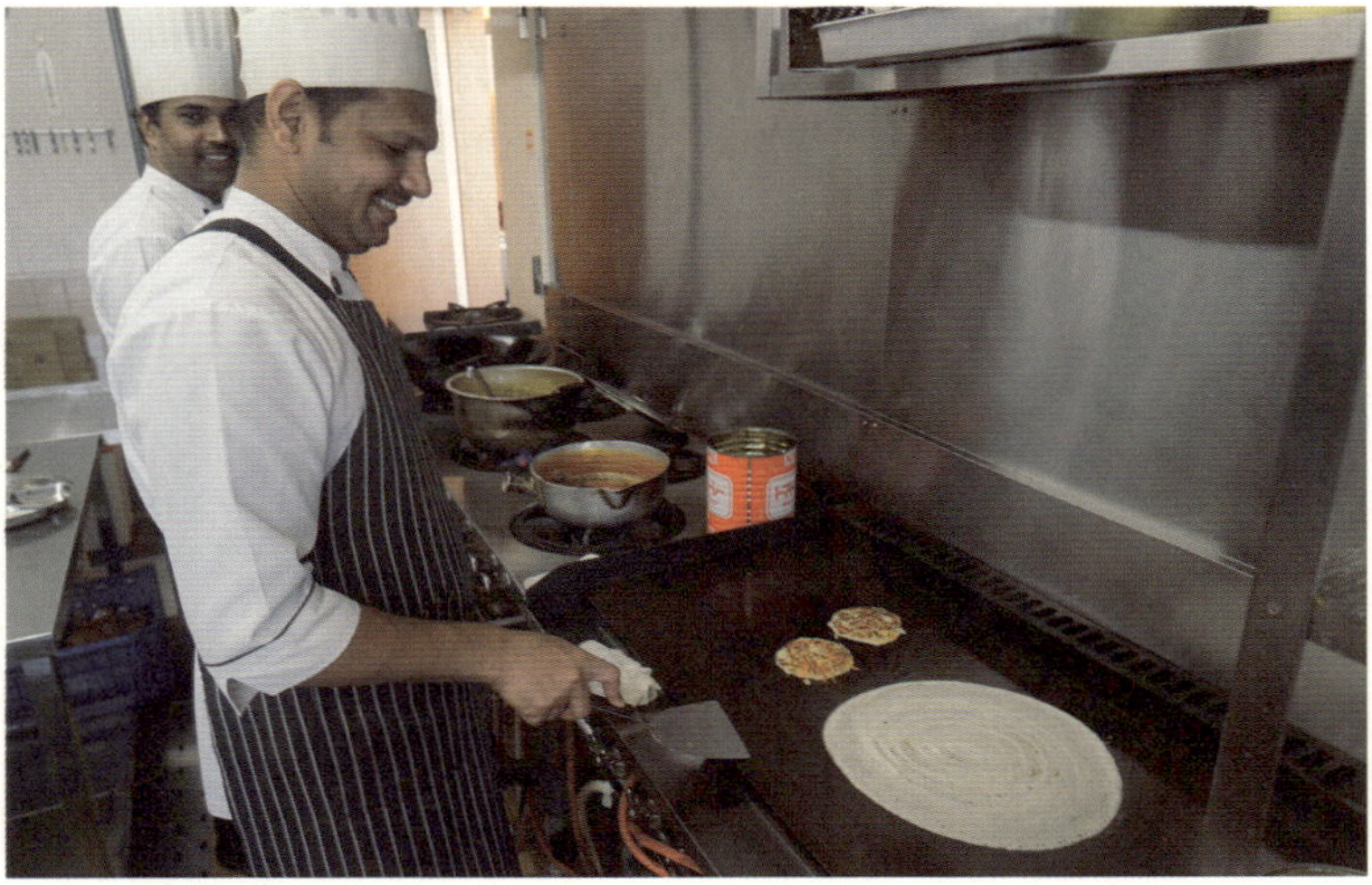
神戸 The India Club 内の厨房

そもそもなぜこれほどインド人が神戸に多かったのか。幕末の開国以来、来日インド人の活動拠点は横浜と神戸に二分していたが、1923年の関東大震災（インド人36人も死亡）を期に多くが横浜から神戸へと転居した。もう一つの理由は、当時の対インド貿易に於いて絹織物から次第に綿織物が輸出の比重が高まっており、特に大阪は綿織物製造の中心地であったため関西に拠点を移すインド人が増えたためである。関東大震災によって増加した神戸インド人だが、1995年の阪神大震災によってインド系店舗数が減少に転じてしまったのは皮肉なことである。クラシカルな古き良きインド文化の残り香が消えてしまわないうちに神戸インド世界を再訪してみたいものである。

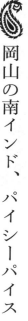

岡山の南インド、パイシーパイス

2017年にオープンした岡山の南インド料理店パイシーパイス。オーナーのケーララ出身シャビンさんと智美さんご夫妻が放つ明るく楽しげな雰囲気と丁寧な接客、そしてもちろん美味しい料理がお客を魅了し店内は常時満席。気配り上手のシャビンさんは行くたびに岡山弁に磨きがかかり、カウンターの下の料理の手は忙しく動かしつつも、常に笑顔でお客さんたちと和気藹々。初対面のお客さん同士でも気軽に話し合える楽しげな雰囲気をさりげなく作り出している類まれな接客術は一体どのように磨かれたものなのだろう。故郷であるケーララの料理話から現在の繁盛店に至るまでの流れと合わせてシャビンさんに伺ってみた。

――地元ではどんな家庭料理を食べていましたか？

「実家では主にお母さん、おばあちゃんが料理を作ってくれていました。母方は典型的なマラバールのマーピラと呼ばれるムスリム家庭なのですが、父はパラッカドのロウタールというタミル・ムスリムのコミュニティ出身で、タミル語以外にもウルドゥー語も喋れました。だから家の中にはタミル系とケーララ系の二つの料理文化が混在していました。

朝はプットゥ、ドーサィ、チャパティ、ヌールプットゥ（イディヤッパン）などの主食にカダラカレー（チャナ豆のカレー）、フィッシュカレーなど。後はイディリー・チャトニとか。これらの主食は1~2日置きに変わりました。例えば昨日の朝食がドーサィだったら翌日はプットゥになるとか。時々カッパ（蒸かしたキャッサバ芋）も食べました。ココナッツと青唐辛子・タマネギを混ぜたチャトニ（ウッリ・ムラック・チャマンティ）と一緒に。もちろんカッパにビーフカレーはよく合います。

昼はライスが主食です。パラッカド産のマッタ米を食べていました。それに主菜が例えば魚のカレーの日ならパパダム（パパル）とアチャール、トーレンなんかは必ず付きます。毎日魚という訳ではなく、ほうれん草（チーラ）のカレーだったり、ウリ科の野菜が入ったサンバルだったり、卵のカレーだったり。肉は毎日は食べません。家族が一堂に集まれる金曜とか土曜とかにチキンやビーフを食べていました。日本のように細かくパック入りで売っていませんから、ビーフだったらかなり大きな塊を、チキンだったらその都度しめてもらったりします。小さなお祭りみたいな感じですね。イカはドライなローストにして米粉で出来た薄焼きパンのパッティリと一緒に食べるのがマラバール流です。

昼にしっかり食べるのに対して夜はウチではチャパティがメインでした。昼に比べて夜のごは

パイシーパイスのオーナー、シャビンさん

見た目も鮮やかなパイシーパイスのランチミールス

んは少し軽めでしたね」

アラビア海に面したケーララは、アラブやヨーロッパとの交易を通じてインド史上最も早くキリスト教、イスラム教、ユダヤ教が海路流入した地域として知られる。これに加えて南北に走る西ガーツ山脈によって他地域から遮蔽された環境であることから独特の文化が形成された。更に南北に細長いケーララは、文化も南北差がある。ムスリム文化が濃厚な北ケーララと長いヒンドゥー藩王国支配よるヒンドゥー的色彩の強い南ケーララとである。この内シャビンさんの故郷であるマラップラムはマラバール地方と呼ばれる北ケーララに位置する。

――料理を自分で作るようになったきっかけは?

「タミルナードゥ州コダイカナルにある大学で経営とホテルマネージメントを学んだあと、ケーララ州ペリンタルマンナにあるホテルに1年間勤務していました。その後まだまだホテルマネージメントを勉強したいと思いオーストラリアのブリスベンに留学することにしました。そして大学近くにインド人の学生仲間と5人で一軒家を借りて共同生活を始めることにしたんです。

食事当番を決めてそれぞれが料理をすることになりました。インド人とはいえ出身地がタミルだったり南ケーララだったりパンジャーブだったりと皆バラバラだったため、インド各地の味をよく知ることが出来ました。それまで店で食べたバターチキンとナーンぐらいのイメージだったパンジャーブ料理も、家庭の味に基づいた美味しいベジ料理が豊富にあることを知りましたね。オーストラリアには当時からインド系移民が多かったのですが、それは主に北インド系でした。インドレストランもナーンとバターの多いノンベジカレーとか。インド食材店で入手出来るケーララ食材も限られていて、でもそうした環境の中でも何とか工夫してマラバールの味を作っては仲間に食べさせていましたね。いまでもオーストラリアには兄が住んでいますが、最近はアーンドラやケーララのレストランも増えてきたし、ケーララの食材も入手出来るようになったそうです。

ホームパーティーはオーストラリアの習慣ですが、その習慣に従って在住インド人たちもほとんど毎週のように誰かの家に行ってパーティーをしていました。学生同士だけでなく、長く現地に住んでいるケーララやタミル系移住者のお宅にも行きました。料理は持ち寄ったり、その家のキッチンを使って皆で作ったりするのですが、各家庭のスタイルで料理を作るのは勉強になりましたね」

留学生活も後半になって、ブリスベンでやはりアートの勉強をしに来ていた現在の奥さんである智美さんと出会い結婚。二人ともお互いの出身地についてほとんど知らなかったという。結婚前からレストラン経営を将来の夢にしていたシャビンさんは、単に故郷の料理を出すというだけでなく、日本の運営システムや栄養学・アレルギーといった側面も学ぶため、来日後すぐに岡山市内の病院に直談判してその調理室で働かせてもらう。そこでの約2年の勤務経験がパイシーパイスをやる上での自信を深めたという。当時の同僚だった栄養士さんなどがいまでもお店に食べに訪れる。こうした日本語の習得も含めた修行期間を経て満を持して2017年開店。現在の繁盛に至る。

——将来的なプランなどありますか？

「皆の力を借りて頑張って、何とかお客さんも来てもらえるようになりました。でも日本人は本当にインド料理のことが詳しくて逆に教わることも多いですよ。まだまだ始めたばかりだけど、ケーララの料理へのパッションは尽きないし、今みたいな形態の他にケーララのトディショップみたいなスタイルも考えているし、ケーララに行って更に料理のアイデアも増やしていきたいし。新しいチャンネルに入っていきたいなと思っているんですよ」

と、情熱的に語るシャビンさん。料理や人柄に惹かれて岡山内外から同業者も多く訪れる。そんなある種のライバルたちを、皆さんインドが好きな仲間だから、とシャビンさんは温かく包み込む。オープン1年で既に中四国、いや西日本を代表する南インドレストランになった感のあるパイシーパイス。今後もそのアクティブな展開から目が離せない。

徳島の南インド、キルシュナ

四国、いや西日本でも珍しい本格南インド料理を出す徳島市の南インド料理キルシュナ。ベジ系が美味しいのはさすが南インド料理である。コックのエドワードさんはポンデシェリー近くの出身のカトリック系クリスチャン。一見彼がオーナーだと思いきや実はオーナーは日本人だと言う。しかも女性。意外に思って「オーナーさん居ますか?」と聞くと、それまで英語でやりとりしていたエドワードさんが奥の方に向かって「お母さ〜〜ん!」と大声で呼んだので面喰った。

ほどなくして奥から品の良さそうなご年配の日本人女性Yさんが現れた。この手の日本人オーナー店だから、南インドに一家言ある男性オーナーが現れるのかと勝手に想像していたので再び面喰う。お話を伺うと創業の経緯が興味深い。そもそもこのオーナーさんは子供の頃からカレーが嫌いだったという。「カレーが嫌い」という言葉が周囲にカレー好きばかりな環境だと新鮮に響く。結婚後、家族が食べるので仕方なく作ってはいたが、いまに至るも家カレーに格別の思い入れは無いらしい。

徳島市キルシュナ外観

ある時、インド人の友人が出来、招かれるまま南インド・チェンナイを訪問する。その時に食べたタミルの菜食料理がとても口にあったという。娘さんも後を追うようにして南インドの友人家庭を訪問。元々身体が弱く食も繊細だった娘さんは、南インドの家庭料理が大変身体に合い深い感銘を受けたという。そこからの行動が凄い。何と一念発起し地元の徳島に南インド料理店を開業してしまったのだ。Yさんは当初反対したが娘さんの熱意に押された形だったという。

徳島大学の先生といった常連さんもついて、お店は順調だったが、約5年後に再び転機が訪れる。お店を切り盛りしていた娘さんが結婚のため東京に行ってしまったのだ。常連さんもいて閉店する訳にもいかない。かくして場所を移し規模縮小して現在に至るのである。

福岡カレーシーンの中心、マルハバ

ハラール食材店でもあるマルハバに買い物に来るのは福岡在住のパキスタン人やインド人、ネパール人といった外国人はもちろん、店舗を構えてカレー屋として営業する現役バリバリのプロから、イベントなどでのみカレー販売しているセミプロ、これからカレー屋を始めようとしている予備軍、スパイス料理に最近目覚めたばかりの初心者まで幅広く、そうした人たちがお店で出会って情報交換やカレーイベントに発展していくこともある。スパイスが手軽にネット通販出来る昨今、こうした他の都市では見られないお店を中心にした交流が見られるのが興味深い。そんな福岡カレーシーンの中心人物であるジャマールさんは長身痩躯の紳士然としたたたずまいに常に柔和な笑顔をたたえているダンディな紳士。来日してマルハバを始めるに至るドラマチックな半生を語っていただいた。

――どのような経緯で日本に来ることになったのでしょう？

「パキスタンの大学卒業後、親戚筋の紹介でドバイの建設会社で3年弱働きました。そこで得た資金を元手に、パキスタンに戻って元々興味のあったアパレル関係の会社を起業したんです。デザインから縫製から全て自分でやって売上もかなり好調でした。そんなある日、妹の結婚のことで父と対立することになって、ほとぼりが冷めるまで距離を置こうと国を出たんです。たまたま友人が日本に居て、当時はビザも無く渡航が出来たので数か月したら帰国するつもりで来日しました。アパレルビジネスが好調でしたから多少のお金は持っていて、(当時多くいた)他のパキスタン人のように出稼ぎや一旗揚げようという野心はありませんでしたね。

1988年に来日して、東京の板橋に住む仲間のパキスタン人のところで共同生活を始めました。当時は入手出来るスパイスもハラール食材も限られていて。交代で食事当番をしていましたが、当時料理の経験がほとんどなかったので、仲間には私の作るゴハンが不味いと不評でね(笑)」

――今ではこんなに美味しい料理を作っているのにですか?

「国に居る時はお母さんやお姉さんが料理してくれていましたから。でも、パキスタン人の男性は料理をしない人が多いですよ。当時よく売っていた国際電話カードを使ってお母さんにカレーの作り方を聞く人も多かったですね。そうやってカレーを覚えたパキスタン人は多いと思います。まあ、そもそも私はたとえ空腹でも美味しくないもので空腹を満たすぐらいなら食べない方がマシ、と考える人間でしたけど(笑)」

——当時は食材の調達が難しくありませんでしたか？

「その頃は今と違ってハラール食材店がほとんどありませんでした。上野アメ横の大津屋で豆類は買えました。80年代の終わり頃には確か赤羽だか池袋だかでパキスタン人のガリブさんがやっていたアルファラが出来て、ときどき行っていました。ああいうお店が出来て助かりましたね。それからしばらくしてA・A・G・ハラールフーズやシャー・トレーディングのようなパキスタン人ハラール店が出来てくるんですよね。他にも移動販売のトラックや安いアパートの一室を店舗にしたのなんかもあったりして。そういうお店が出来る前はパキスタンから郵送してもらった豆やスパイスを少しずつ食べていたり、来日する仲間が故国の貴重な食材を持参していたりすると皆で大切に分け合ったりしてね」

——マルハバを始める前は長く中古車輸出業をされていたそうですね？

「最初は一時的な滞在のつもりだったのですが、結婚し子供が出来たこともあってだんだん日本での生活をしっかり考えるようになりました。周りの影響もあって次第に中古車輸出業を始めるようになりました。だいたい80年代後半から90年代にかけて来日したパキスタン人は来日してすぐはとりあえず工場勤務や現場仕事をして、ある程度のお金が貯まったら友人知人のつてを辿って同郷の中古車輸出業者で数年働いてノウハウを覚えて独立するというのが多かったですね。始めた頃は中古車関連の仕事は利ザヤが大きく順調でした」

——その頃も関東に住んでいましたか？

福岡市マルハバ外観

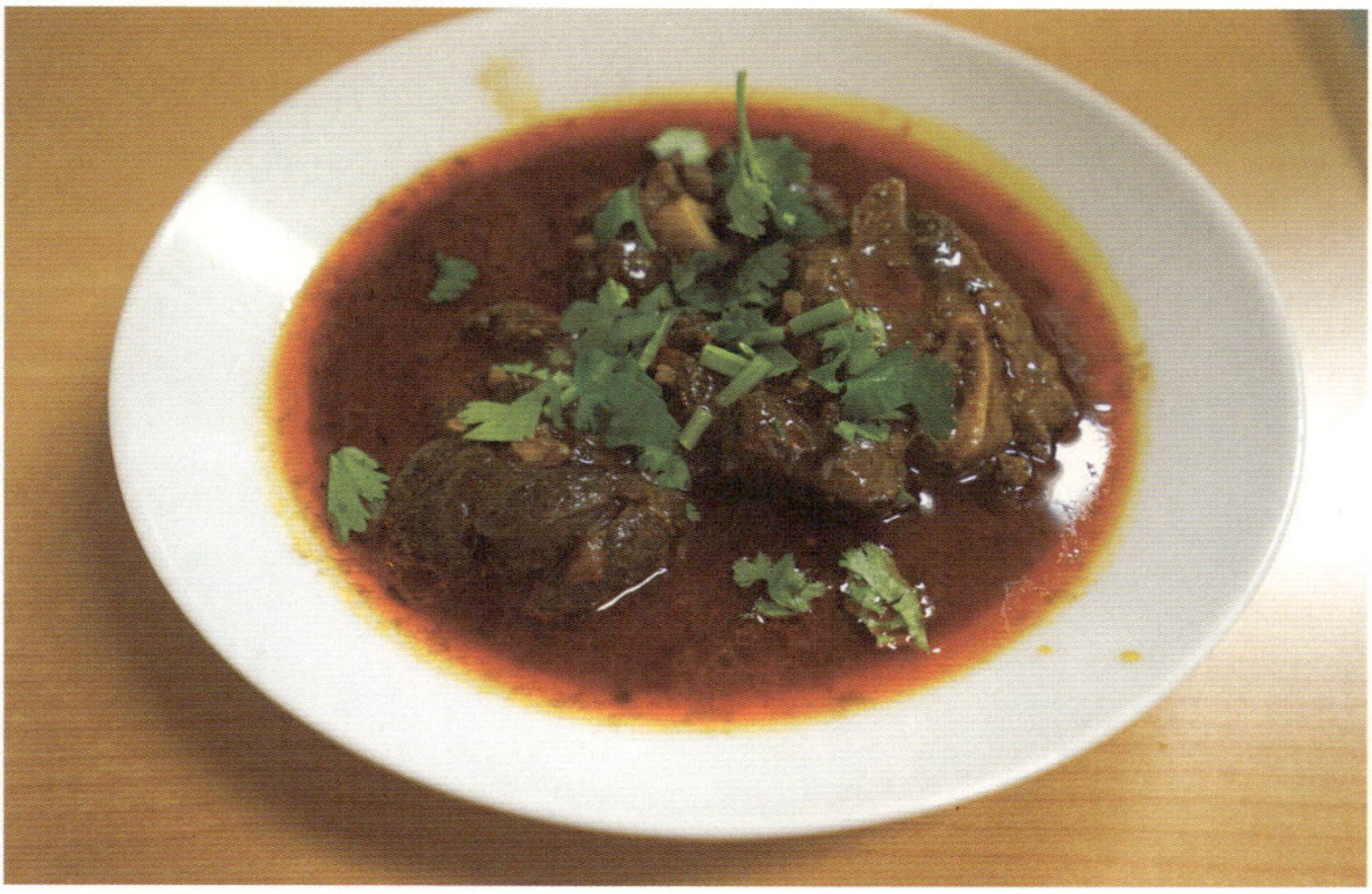

丁寧に作られたマルハバのビーフ・ニハリ

「2000年代の初めに当時ロシア向け中古車輸出が急増していたので富山に移住しました。国道8号線にはいっぱいクルマ屋さんがありましたね。沿線は田んぼが多かったですが、その田んぼを埋め立てて車の展示場にしたりヤードが増えていきました。バイヤーのロシア人もたくさん来ていました。一儲けしたパキスタン人客を当て込んで、富山駅前の飲み屋街の中にはロシア人ダンサーにインド風の衣装などを着せて、ボリウッドソングに合わせてダンスショーをさせていた店もありましたよ。あの頃の富山は景気が良かったですね」

——その後いよいよマルハバを開業されるんですね?

「富山にしばらくいた後、中古車仲間のいた大分市で2年ほど仕事をしました。中古車関係の仕事をしているパキスタン人は仕事さえあれば全国どこでも行くんですよ。2009年に福岡モスクが完成して、その近くにいい物件が見つかったのでハラールの輸入食材を扱う店を始めました。これが現在のマルハバです。食材店を始めた理由は長くやっていた中古車業にやや飽きてきたこともありますね。県をまたいだ取引先に車を見に行ったり、それが陸送されるのを待っていたり、とにかく仕事の拘束時間が長いんですよ。それでそろそろ何か別の商売を、と考えて始めました。

最初の2年間はレストランではなく食材店としてお店をやっていました。ただこの物件は割としっかりした厨房が備わっていて、そのうちにそれを見た周りのパキスタン人仲間から料理も出してほしいとプレッシャーをかけられて。金曜礼拝のある時だけビリヤニやパキスタンの料理を出すようになったのです。そしたらその噂を聞いて次第にお客が集まるようになりました。次第に金曜以外の日まで来て『ランチやってないですか?』なんて聞かれるようになって。最初の一日だけインド人の友人にビリヤニの作り方を教えてもらって出したのですが、その後は試行錯誤ですね。最初の頃は美味しくないと言われたりしてなかなかうまくいかなかったです」

――今の美味しいマルハバの味からは想像つきませんね。

「美味しさへのこだわりは人一倍強かったですね。だから完成した料理の味のイメージはあったんです。あとはそれに近づけるだけ。もちろんお母さんが作ってくれた味が理想としてあります。例えばお母さんのシャミカバーブには中にタマネギとミントが隠し味的に入っているんです。ビリヤニも同様で、お母さんだけが知る秘伝がある。こうした味の記憶を元に、それに近づけようと料理しています。日本人のインド料理作りをするお客さんの中には、他店にはないこういうウチだけの隠し味がどうしても分からなくて、悩んで寝られなくなる人までいますよ(笑)」

来日してマルハバを始めるごく数年前までほとんど料理経験すらなかったのに、いまやレストランのオーナーシェフになり料理指導をするまでに至るのだから人生は分からないものである。そのような苦労はおくびにも出さず、いつも柔和な笑顔で迎えてくれるジャマールさんの人柄ににじみ出たパキスタン料理を食べずして、福岡カレー社会は語れない。

躍動する福岡ネパール社会

これから開業しようとするインド人やネパール人相手に食器を商っていると、想定外の情報が飛び込んでくることがある。それは2016年3月頃だった。都内でインドネパール料理店を展開しているなじみのネパール人T社長がいつものように新店舗用の食器購入のため来社。取引終了後何気なく「次の店舗はどこですか？」と聞くと福岡だという。当初は埼玉の上福岡かと勘違いした。「最近ネパール人が福岡にイッパイだよ。これからまだまだ増えるヨ」と、不敵な笑みを浮かべながらT社長は言った。それまで全く意識していなかった福岡という二文字が急速に脳内で拡大する。いつか行きたいと思っていると、ほどなくしてそのチャンスが訪れた。

第一世代のネパール人飲食店オーナー

福岡ネパール飲食店とその形成の過程を知る上で、まず現在急増中の若いネパール人飲食店オーナー世代を第二世代とし、それ以前から福岡に定着して経営しているネパール人飲食店オー

清川のアショクズ・バーのオーナー、アショクさん

ナー世代を第一世代として分けて見ていくと、二つの対照的なグループの特徴が浮き彫りになって分かりやすい。例えば第一世代の特徴は、80年代から90年代に観光ビザやコックのビザなどで来日、日本人配偶者を持つ、元々はアクセサリーなどアジアン雑貨も商っていた人も居る、店で出すカレーはナーンとグレービーカレーが中心など。一方、第二世代は、2000年代に日本語学校の学生として来日、ネパール人配偶者を持つ、またはまだ独身者も多い、学生ビザからビジネスビザに切り替えて商売をしている、店のメニューは本格的なネパール料理が多い、などの特徴を持っている。

では、次に具体的に第一世代、第二世代双方の代表的な経営者の足跡を追ってどのように福岡社会で飲食ビジネスを展開しているか見ていきたい。福岡市の清川でアショクズ・バーというおしゃれなレストラン・バーを経営するアショクさんは福岡在住の最古参の飲食店経営ネパール人のうちの一人。第一世代のネパール人飲食店オーナーとしてある種の典型的な人生を歩まれていて、その足取りを辿ることで福岡に於けるネパール人飲食店主の歴史を理解することが出来る。

アショクさんが来日したのは1984年。実家はカトマンズの当時フリークストリートと呼ばれた通りの一角でケーキなどを売る店をやっていた。カトマンズでケーキを売る店自体が珍しかった70年代、店は大いに繁盛したという。ポカラからわざわざ長距離バスでケーキを買い付けに来るネパール人業者も居たほどだった。今でこそタメルが最も観光客でにぎわうエリアになっているが、70年代のフリークストリートはインドのゴア、アフガニスタンのカブールと共にカトマンズがヒッピー三大聖地と呼ばれていた時代、欧米からの多くのヒッピーたちと、彼ら相手に商売をしようとする飲食店や衣料品店がひしめき合う、まさにヒッピーカルチャー最前線だった。アショクさんの実家もまさにその渦中にあったという訳で、当然こうした環境で育つと幼少期からの接客を通じて英語やフランス語に慣れ、欧米スタイルの考え方なども身に着けていくようになる。中には欧米人と仲良くなったり付き合うなりして、そのまま海外に渡航するネパール人も出てくる。アショクさんもそんな一人で、当初はドイツに、続いて日本へとやってきた。当時はネックレスや指輪といったエスニックなデザインのアクセサリーの出始めで、ネパールでこうした商品を仕入れて欧米に帰って路上で売るヒッピーの若者が多かった。アショクさんもこうしたものをネパールで仕入れて販売していたという。ちなみにアショクさん同様、古くから福岡で飲食店を続ける警固のマイティガルの店主クマールさんもまたアクセサリーの販売をしていたという。

来日当初は流暢な英語を活かして東京・六本木の外国人バーで働いていたが、やがて縁あって福岡・天神のバーで働くようになる。そこで2年ほど働いたあと、店内で英語が話せるインターナショナルバーを開業。店のスタッフは主に英語がネイティブの欧米人で、客は英語で日常会話をしたい日本人だった。宇宙飛行士で当時九州大学の学生だった若田さんも店の常連だったという。お店では酒の他にネパール風のつまみ類、カレーなども出していたという。また、1989年にはカトマンズカレーという名前でネパールカレーを出す店もオープンさせた。他にも共同だったり協力だったりで市内のいくつかのインド料理店の立ち上げにも関わっている。自身の店は2006年に清川に移転させ、落ち着いたシックな内装の中で酒類やインドカレーの他、モモやチョエラなどネワール族のアショクさんの特徴を活かしたメニューも置いている。日本人の奥さんと結婚もされてしっかりと福岡に根を下ろしている印象。

昨今の急増する福岡ネパール人社会についてはどう見ているか。第一世代のネパール人たちは、地元に於ける希少な外国人であるという立場を最大限活用して商売をやってきた訳で、ある種の既得権益がある。それが学生上がりの第二世代経営者によるインド・ネパール料理の低価格化路線によって自らのマーケットが脅かされつつあるというのが現在の状況で、こうした台頭する第二世代とは全く接触を断っている第一世代も居る。そんな中アショクさんは内心当然若干の危機感を抱きつつも、若いネパール人の主催する福岡ネパールフェスティバルなどには積極的に出店参加し、ネパールの若者の中ではご意見番的な存在としての地位を保っているように見える。もちろん世代間で対立している訳ではないが、ビジネスや料理に対する考え方に両者に微妙な溝があるのもまた事実である。

第二世代のネパール人飲食店オーナー

さて、次に第二世代の飲食店オーナーを見ていきたい。博多駅前でスリ・ガネッシュを経営するチャトラさんは2005年に南区にある日本語学校に入学するため来日。入学時期は各国の学制によって卒業月が異なることを考慮してか、毎年4月と10月の2回設定されていた。今でこそ福岡市内の多くの日本語学校（約30校ある）に在籍しているネパール人は数多いが、チャトラさんが入学した2005年当時はまだネパール人は少なく、同期で入学したネパール人は18人だったという。それでもその学校の事務局にはネパール関係者がいて他校よりもネパール人の数が多かったというが、当時はまだネパール人学生だというだけで珍しがられたという。実際に福岡でネパール人学生が急増するのは2008年頃からである。

チャトラさんも生活費の補助とするためアルバイトを始める。一番長く務めたのは焼鳥屋だった。そこでチャトラさんは学校卒業後、焼鳥をメインにした居酒屋を開業しようと考える。諸事

博多駅前のスリ・ガネッシュのオーナー、チャトラさん

情あってそれは断念したが、ビジネスビザを取得してインド料理のスリ・ガネッシュをオープン。一時は市内外に合計3店舗を擁するまでになる。このチャトラさんあたりから、学生ビザで滞在していたネパール人が直接ビジネスビザを取得して飲食店を始める、という流れが徐々に増えていく。第二世代飲食店オーナーの出現である。とはいえまだまだ2000年代は起業するネパール人も少なく、チャトラさんと同期で日本語学校に入学した18人のうち、福岡に今も残ってビジネスをしているのは3人ほどで、残りは東京に行くかネパールに帰国したかしているという。

2010年代初頭辺りから、増えだしていった元学生の飲食店オーナーの店を時系列に挙げていくと次のようになる。ブッダ2013年～(南区向野)、ニューロード箱崎２０１６年〜（東区箱崎）、マナカマナ２０１７年５月〜（博多区竹下）、バジャラ２０１７年６月〜（南区塩原）、タメルバザール２０１７年10月〜（南区井尻）といったところである。最も早くネパール人向けメニューを強化し（当初は日本人向けメニューとネパール人向けメニューを分けていたらしい）、夜な夜なバイト帰りのネパール人留学生のたまり場と化したのがブッダである。そこではダルバートが真鍮製の皿（チャレス・コ・タール）に載ってサーブされ、チョエラやスクティといったネパール式の酒のアテなども豊富に用意されていた。つまりブッダのオープンした２０１３年頃には既にかなりの数のネパール人留学生が福岡市内に存在していたということである。ブッダを経営するラクシュマンさんはチャトラさんの2年後輩にあたるが、こうした経営手腕と福岡ネパール人学生の動向にも精通していたことなどから、２０１６年に東京・新大久保のナングロ・ガルが福岡支店を開設する際の現地責任者にもなっている。このように、２０１３年頃から始まって現在に至るも興隆が続いているのが第二世代の飲食店で、多くの店ではダルバートやスクティなどの現地で食べられるネパール料理がメインメニューに据えられていて、オーナーも学生上がりが多く客層もネパール人学生が多いのを特徴とする。東京・新大久保界隈のネパールタウン同様、内装工事や看板・メニュー印刷などを手がけるネパール人業者も既に存在している。何より客層としてのネパール人学生層が厚い。急速に発展拡大する福岡ネパール社会の勢いは当分衰えなさそうである。

古賀フルーツ

現在、南区大橋で古賀フルーツを営む古賀さんと福岡インド料理店・ネパール料理店との関わりはユニークだ。長崎・五島列島出身の古賀さんは若い頃に福岡・天神に出てきて八百屋を始めた。当然地元の日本人相手に商売をしていたが、ここで西新のシブシャンカル、天神のスラージ、天神のクマリなどから引き合いがありこうしたインドレストランにも卸売の販路を広げていく。特にインドやネパールに関心のあった訳ではない古賀さんだが、なぜか口コミで福岡在住インド人・ネパール人の間にその存在が広まっていったという。

その後、古賀さんは現在の場所に自宅兼用の店舗を購入し、フルーツを主体とした古賀フルーツとして新たに営業。とはいえフルーツだけでなく、従来から付き合いのいるインド料理店・ネパール料理店には今でも軽トラで毎日野菜を配達する。そこに、食材店を開業するための店舗物件を探していたクマリのネパール人経営者アチャリヤさんが相談に訪れる。思案した古賀さんは、自らのフルーツ売り場の半分ほどを貸すことにした。そうすることで互いの店番をすることが出来るし、配達中心の古賀さん的にも賃貸収入が入って好都合である。現在、店はアチャリヤさんの奥さんが幼い子供をあやしながら店番をしている。大家である古賀さんもまだ現役でお店には出ているので、インド・ネパール食材の棚が並ぶ店内で、幼いネパール人の子供をあやす日本人老夫婦という、微笑ましくも稀有な光景が見られるネパール食材店となっている。

ネパール食材店が包括された、大橋にある古賀フルーツ

古賀フルーツのオーナー、古賀さん

ネパールフェスティバル福岡

こうした新旧福岡ネパール世代が一堂に会するイベントが、毎年4月に行われているネパールフェスティバル福岡である。元々はバングラデシュやネパール、インドといった国々の学生が合同でイベントを企画。その際、九州のとある大学で教えていたバングラデシュ出身の先生が発起人となったことやイベント開催時期も4月であることなどから、バングラデシュの新年祭バイシャキ・メラとして2011年にスタート。開催当時は別府市にあるAPU（立命館アジア太平洋大学）のバングラデシュ人学生も多く参加し模擬店でもベンガル料理が出されていた。しかし年を追うごとに急増するネパール人学生がこの祭りに集まりだし、本来バングラデシュの新年祭としてスタートしたはずのバイシャキ・メラが次第にネパール人のお祭りと化していく。初めて目撃した2017年には名称こそバイシャキ・メラではあったが、完全にネパールのイベント化していた（尚2018年には名称が「ネパールフェスティバル福岡」に正式に変更された）。自らが多数派となっても以前のイベント名のまま続けている点にネパール人特有の名称へのこだわりのなさが感じられる。なお、ネパールでも確かにバイシャキ月第一日は祝日となってはいるが、単に汎ネパールで使用されている暦の開始日というだけで大きな催しなどは見られない。むしろタマン族他の正月であるロサール、タカリ族の正月であるトーレンラ、ネワール族の正月であるマハプジャなどそれぞれの民族が使用する個別の特有のカレンダーに基づく正月は盛大に祝われる。

天神中央公園で盛り上がるネパールフェスティバル福岡

きらびやかな伝統衣装に身を包むネパール人女性たち

イベントには相当数のネパール人が着飾って参加する。出店する店舗も多く、２０１７年には場内の総ブース数28店あり、そのうち飲食ブースが18店あった。主として第二世代からの出店がほとんどだったが、第一世代からはアショクズ・バーが出店していた。他にもソルマリ、ナングロ・ガルといった拠点を東京に置く店舗も出店していた。ナングロにはブッダを経営するラクシュマンさんが、ソルマリには東京からわざわざカビール社長が応援に入り、さらにソルマリを手伝っていたのが東区箱崎にある食材店Bombay Martのポウデル氏だったことから、福岡市内の誰がどの店舗を手伝っているかで福岡に於ける飲食系ネパール人相関図が見えてくるのもこの手のイベントでの収穫である。ステージや場内では常時パフォーマンスが行われ観客を飽きさせない。学生または学生からオーナーになりたての人たちが中心で、東京で開催されるネパールフェスティバルほどのプロ的な統一感はないものの、躍動する福岡ネパールシーンを象徴するかのようなエネルギッシュなイベントは一見の価値がある。

ナーナックとミラン

インド料理を求めて九州一帯をさまよい歩き、インドネパール料理店などと称されるネパール人経営店に立ち寄って食後オーナーから話を聞くと、かなりの確率でかつてナーナックに勤務していたという人に出くわす。熊本に行っても長崎に行っても佐賀に行ってもそうだった。行く先々でぶつかる釈迦の掌のようなナーナックの存在が気になり、気が付くと福岡市の繁華街・親不孝通りにあるナーナック福岡本店でシン社長に話を聞いている自分がいた。いまでこそ店舗数を整理縮小しているが、かつて九州中に店舗展開しその権勢を誇ったナーナックの歴史を知ることが九州に於けるインド料理店の過去と現在を理解する上で重要だと思われたからである。

予定の時刻から少し遅れて現れたグルビール・シン社長はデリー出身のスィク教徒で、トレードマークのターバン姿とよく通る早口の日本語が特徴のパワフルなビジネスマンだった。初来日したのはデリーで大学を卒業した直後の１９８０年。在福岡の友人の呼び寄せで、当初はインド雑貨を輸入して百貨店の催事などで販売するビジネスをしていたが、やがて福岡市内に本格インド料理店が少ないことに着目、東京などで先行するインド料理店を手本に日本人の友人と共にインド料理店を開業。その後単独で1985年から現在の親不孝通りにナーナック1号店をオープンさせると見事にシン社長の目論みが当たり店は大繁盛した。以降、ナーナックの快進撃が始まる。九州一円に矢継ぎ早に支店を開設していくのである。二号店を熊本に、三号店を大分にといった具合に急拡大していき最盛期には大阪や中四国も含めて全国に31店舗、福岡市内だけで8店舗展開した。一時期は福岡市内の映画館で上映前に自社CMを流していて、福岡では知らない人はいないほどの有名インド料理店となった。今でこそ脚光を浴びる南インド料理も、約20年前というかなり早い段階でメニューに取り入れた。ただし、これはシン社長が語るように時期尚早であったようで、ご馳走感のある高級料理というイメージのあった当時のインド料理にとって、ティファンなどの軽食はお腹にたまる食事という感じがせず、当時の日本人にも受けなかったという。沖縄にも1998年から2014年まで支店を出していた。このように西日本各地で展開してきた店舗で雇ってきたコックは延べ300から400人ほどになるという。とりわけ80年代から90年代にかけてはコックのビザ申請が難しく、そうした時期に招聘するのはいまと違って苦労が多かったという。

こうして苦労して招聘したコックたちが、やがてそこから独立して自らの店舗を持ち、今度はライバル店として登場してくるようになるのは皮肉なことである。海外に働きに出るぐらいの人材だから元々独立心旺盛な人が多いのだろう。熊本、長崎、佐賀、鹿児島などで店長クラスなどを経験した人たちがやがて独立して自らの店を構える。特にここ数年は低価格を売り物にするネパール人経営店も増えてきた。競合店の出現は多店舗展開ゆえの宿命ともいえる。もちろんこうした状況をシン社長も単に手をこまねいて見ていた訳ではないが、低価格路線に向かうネパール人経営店に対しあくまでも高級感のあるご馳走インド料理路線を貫き、決して同じ土俵に立つことはなかった。価格を落とすことは品質を落とすことであり、一度美味しいカレーの味を知った日本人の舌は一時的に低価格店に向かっても最終的には戻ってくるという確信があったという。

またインド通の日本人からパンジャーブの家庭料理のスタイルを出せば、といった忠告もあったようだが、レストランで食べる料理はあくまでも非日常のご馳走感を大事にしたいという社長のポリシーからそうした路線にも向かわなかった。しかし、時流には逆らえず、やがて店舗数を縮小して精算することとなり現在は国内に4店舗。ただし新たなる活路を中国に求め、中国には現在3店舗展開している。頻繁に日本と中国を往復する生活を送るシン社長の意気はあくまで揚々である。

ナーナックから独立してオーナーになり、中には多店舗展開しているオーナーもいる。そしてこの手の店にナーナックが及ぼした影響は大きい。作業内容やメニューなどをそのまま踏襲・模倣するケースが多いのだ。メニュー構成を見ても例えば0から50倍まで選べるカレーの辛さや、単にナーンとの組み合わせだけでなく日本のカレーに寄せたカレーライスに似たメニューを出すなどのスタイルは多くのナーナック系譜店で確認出来る。あるいは逆に、こうしたメニューから

福岡市薬院のミラン

長崎市のミラン

その店のオーナーがナーナックと関係があったことがうかがえる場合もある。直接、ナーナックでの勤務経験のある経営者の店だけでなく、そこで働いたコックがさらに独立した店でも派生していくものなので、メニューからその店が直接または間接的にナーナックの影響を逆探知出来る。そうした店が九州一円に存在する。創業から33年、栄枯盛衰を感じさせつつもその影響力が九州の隅々まで脈々と受け継がれている事実を目の当たりにする時、改めてナーナックの巨人ぶりに気付かされるのである。次に代表的なナーナックの系譜に連なる店を紹介したい。

インド料理を求めて九州一帯をさまよい歩く過程で、ふとした疑問に立ち止まる。「ミラン」という店名が妙に多くないかと。ためしにGoogle Mapで九州を開き検索窓にミランと入れてみる。するとどうだろう。九州全土にミランという店名が広がっていることが分かった。最初はナーナックのような大きなチェーン店なのかと思ったが、そうではないらしい。そもそもミランというのはネパール語で「出会い」といった意味でもあり、男性の名前でもある。九州に限らず関東や関西など至る所に存在し、マナカマナやデウラリ、ナマステやヒマラヤなどといった店名と同様、ネパール人経営者がいかにも付けそうなごくありふれた店名ではあるのだ。そう思いつつも更にヒマに任せて食べ歩きついでに話を聞いていたら、九州全土のミランが互いに何かしらの関連性がうっすらとあることがおぼろげながら見えてきた。それが妙に旅の思い出と共に思い出されるのでここに軽く記しておきたい。

ここでも話の発端はナーナックで、シン社長が最初の店を福岡市に出した時の創業スタッフにチャンドラさんというネパール人がいた。経験豊富で香港や台湾などでも働いた経験があるという。デリーで働いている時にシン社長と知り合い1984年に来日。そのまま初代ナーナック厨房スタッフとして19年ほど働く。その後も繁盛していたナーナックには次々とネパール人厨房スタッフが招聘された。そんな中の一人がバスネットさんで、1990年に来日。厨房スタッフとして働く傍ら当時破竹の勢いだったナーナックの各支店、例えば熊本店、長崎店などの店長も担当した。

こうした状況の中、当時のナーナックの工事を請け負っていた日本人業者さんもまた自らインド料理店経営に乗り出すことになる。2003年のことで、当時この立ち上げに関わったのが当時ナーナック長崎店で店長経験のあったバスネットさんだったという。それが長崎市のミランで、訪れた時に店頭で野菜を売っていたりして何となく日本人的な経営だと感じられたがやはりそうだった。ナーナック長崎店無きあと、長崎市で最古のインド料理店として繁盛し、大波止店とアミュプラザ長崎店の市内2ヶ所で店舗展開している。

このバスネットさんは長崎市のミランが立ち上がる少し前に、同僚だった先輩格のチャンドラさんと共にナーナックから独立している。二人は福岡市薬院にミランという店を立ち上げた。2003年のことである。薬院ミランは立地もよく繁盛したが4年後の2007年にチャンドラさんとバスネットさんが分派し、バスネットさんは六本松にフォーシーズン・ミランという店を立ち上げる。ここでもまたミランである。フォーシーズン・ミランは福岡市の六本松と小戸に現在2ヶ所で店舗展開している。

　鹿児島にもミランは別経営だが存在する。一時期長崎のミランに勤務していたコックが鹿児島に渡り、地元の日本人パートナーと共に立ち上げたのが鹿児島のミランだという。系列でもチェーンでもないが、立ち上げ時期に長崎のミランの人たちが協力、現在鹿児島市内で複数展開している。ここからさらにコックが独立して、鹿児島市の鹿屋にあるナマステミランという店もある。こうした九州全土にあまねくミランが何らかの形でナーナックに繋がっているのが興味深い。このように、全国の地方に点在するネパール人オーナー店のルーツを辿っていくと、パイオニア的なインド人オーナーによるチェーン店の存在が見えてくる。一時期より業務縮小したり中には閉店を余儀なくしたところもあるだろうが、現在の日本全国津々浦々にネパール人店が存在するのはこうした第一世代的な店の功績も大きいのである。

別府のバングラデシュ料理店、ユーシャ

バングラデシュ・チッタゴン出身のモンジュールさんが別府大学を出たあとの2008年にオープンさせたお店。別府大学に留学した当時、周囲にハラール食材店もレストランもなく最初の数日間は水だけ飲んで凌いだという。外国人が多く流入するようになった現代、比較的割り切った食生活をするムスリムやヒンドゥーもいる一方で、まだまだ食で苦労する話も絶えない。逆に言えばこうした需要はまだまだある訳で、特に地方に於ける今後の市場の拡大が予想される。

店名は息子さんの名前から。ちなみに同年別府モスクも近くにオープンしている。レストランに併設する形で食材店も経営していて、主要顧客は別府大学の留学生。別府には約150人のムスリムが在住しているとのこと。

ランチメニューは基本的にベーシックな8種類のカレーとナーン、ビリヤニなどだが、ハラールにこだわるオーナーの考えで豚や酒は一切置いてない。ハラールのマークを掲げながら酒を出

す店もあるが、そもそも酒で商売を行っている時点でハラール（「イスラム法で許可された」の意味）ではない。ハラール認証は本来ムスリムに対して安心感を与えるためのものでありながら、特に最近日本に於いては多くの食品メーカーがハラール認証ビジネスに参入し、本来ハラールかどうかが問われる必要のない食材にまで認証を与えたり、本来の思惑とは別の、それを商機と捉える行き過ぎた動きが誤解と混乱を生じさせている状況。モンジュールさんはそうした現状を手厳しく批判する。とにかく非常に厳格かつ誇り高いムスリムという印象。そうしたオーナーだからこそ、提供するハラール料理には絶対の安心感はある。

この日はたまたまバングラデシュ正月が近かったため、特別に正月特別料理であるパンタバートを作っていただいた。アルボッタ、シュトキ（干し魚）ボッタ、マスバジ（魚のフライ）、水ごはん、マトンカレー、チキンカレーといった内容。マスバジとシュトキのボッタがかなり美味い。その国のしきたりや時流に流されることなく、故郷や宗教に強い誇りを持ち続けるユーシャのような硬派な店に旅先で巡り合えるのは嬉しい。

中津の西インド料理、ベジカフェ・ラクシュミ

中津市の鄙びた住宅地の中に忽然と現れるベジカフェ・ラクシュミは、その名の通り菜食のインド食堂である。古民家を改装しお洒落に営業しているカフェは巷にあふれているが、ラクシュミの外観は民家そのもので、そこに計算されたフェイクな古さが無い分逆に家庭のリアリズムを

感じることが出来る。インド料理の神髄は家庭料理にあるとはよく言われるが、その伝で言えばまさにこのように民家でいただく環境こそがインド家庭料理にとっての最適なのではないかと訪れるたびに思わせられる。

運営しているのは古田さんと奥様のグジャラート出身のディプティさんご夫妻。ディプティさんは若い頃演劇をされていて、その頃はコルカタを拠点としていたので料理への影響もベンガル流が多少入っているとのことだが、基本的には出身地であるグジャラート州ラージコット近くの家庭料理である。この地方はカティアーワーディと呼ばれ、スーラトと並びグジャラート料理の一つの主流をなす土地柄。甘くて有名なグジャラート・ターリーの中でも比較的すっきりとした味わいが特徴である。

フィックスのランチ以外にも、状況に応じてリクエストに応じてくれる。プドウラ（ベサン粉で作ったパン）、パドワリ・ローティー（パドは「層になった」という意味。多層ローティー）、フルカ（チャパティではなく）など、グジャラートのパン類をササッと作って出してくれた。こうした柔軟性はまさにインド家庭そのもの。もちろんある程度のまとまった人数で予約すれば、グジャラート名物であるウンデュウ、バテタ・ヌ・シャーク、テプラ、チャースといった典型的なグジャラート家庭料理を堪能出来るのが嬉しい。

お店を予約制にしているのは作り置き料理を極力避けるためだが、土地柄まだ「ナーンが無いか？」「肉のカレーは無いか？」という反応も多いらしい。そうした周囲の状況にもめげずレストランを営業し、福岡周辺のその筋の方々に向けた料理教室も始められている。ここでしか味わうことの出来ないオンリーワンなグジャラート家庭料理は、ディプティさんの親しみやすい雰囲気と家庭的な店の雰囲気も相まって大変奥行きが深い。

鹿児島のバングラデシュ料理、ルポシ バングラ

鹿児島市のバングラデシュ料理店ルポシ バングラは2014年に鹿児島マスジドの完成とほぼ時を同じくしてオープンした。オーナーのイクバルさんは元々鹿児島大学で水産学を勉強し博士号も取得した方で、研究生活の傍らバングラデシュ文化紹介のために各学校を講演して回ったりイベントを企画したりといった活動を熱心にしていた。飲食店の設立動機もある種のバングラデシュ文化センター的な側面もあったという。

水産学が専門だけあって魚のことはとても詳しい。インドとバングラデシュでそれぞれ味が異なるとされるイリシィの疑問、淡水魚ルイの生息地域による臭みの違い、禁漁期間と美味しさとの関連性などといった、特にベンガルの食用魚とその料理法に関する話はまるで講義を聴いているかのように面白い。魚料理の上手なベンガル人は居てもその説明が上手なベンガル人にはなかなか出会うことは出来ないのである。

店では鹿児島大学に留学しているベンガル人や日本人を集めて毎年4月にベンガル正月（ベンガル暦新年祭＝ポイラボイシャキ）イベントを行なっている。そのことを賞賛すると、この日特

別府のユーシャのパンタバート

鹿児島ルポシ　バングラのパンタバート

中津ベジカフェ・ラクシュミのランチセット

鹿屋ラメッシュ・インディアン・クイジーンのダッバーで食べるランチ

に予約もせず突然の訪問だったにもかかわらず、メニューにはない正月用料理のパンタバートをわざわざ準備してくれた。白いバスマティの上にモシュールのダルとアル、パンガーシュ（ベンガルナマズ）、ベイガン、ムングの4種のボルタ及びサバが乗っている。鹿児島でこれほどの純バングラデシュ料理が味わえることに驚きを禁じ得ない。ちなみにふたり居るコックのうちひとりはバングラデシュ、もうひとりはインドの西ベンガル出身で共にベンガル語を母語とする人たちである。

店の本棚には故郷から持参された美しいベンガル料理レシピ本が複数あり、いつかこんな料理を提供出来ればとイクバルさんは熱く語る。バングラ正月以外にもバングラデシュ独立記念日やイードの日なども店内で関連イベントを行っているので是非こうした日に訪問したい。とにかくバングラデシュ文化を広めようとする姿勢に胸打たれる。鹿児島の片隅で出会った小さなバングラデシュ文化センター、その存在意義は大きい。

鹿屋の南インド料理、ラメッシュ・インディアン・クイジーン

雄大な桜島を眺めつつ大隅半島を車で南にひた走ると、鹿屋市郊外のやや奥まった静かな一角にラメッシュ・インディアン・クイジーンは忽然と現れる。オーナーシェフのラメッシュ（Ramesh Reddy）さんは来日16年。元々生まれは南インド（Reddy はアーンドラ州固有の姓）だがムンバイで育った。従って南インドの味をネイティブとして知りつつも、マハーラーシュトラ

料理も熟知しているというインド人料理人としても珍しい経歴の持ち主。来日当初は鹿児島市で雇われコックをしていたが、日本人の奥様と結婚後、自らが買い取ってオーナーとなった店マハラジャパレスを長く経営。２０１６年11月に現在の場所に物件を取得しラメッシュ・インディアン・クイジーンとしてオープンして以降は持ち味の南インド料理を本格化。同時に招聘したマンガロール出身コックの加入で南インド料理メニューを更に拡充。ランチメニューはムンバイの有名なダッバーワーラー（お弁当配達業者）スタイルで食べさせる楽しいセットがある他、インド各地の調理場を渡り歩いてきた経験に裏打ちされたインド各地の料理が日替わりで提供されている。そのラインナップは全国的にも珍しい。

レギュラーメニューのサンバルには地元鹿児島で生産されているモリンガ（ドラムスティック）が入っている。店の外には鹿児島産モリンガののぼりが立っている。地元の農園で栽培しているという。そのほか自らが栽培するカレーリーフなどもふんだんに料理に使われ、国内で入手困難な食材はインドから持参された豊富な食材で補うというこだわり。

メニュー外リクエストも受け付けてくれるというので夜に再訪した。ラヴァをまぶした鯛のフライ、酸味を効かせた鯛のプリ・ムンチ、ポンニライス、バタタヴァダ（アルボンダ）とパウとカティマサラと呼ばれるドライのチャトニが置かれた純コンカン・ターリー。まさか大隅半島で、現地で味わった本格的コンカン料理が食べられようとは思わなかった。こうしたコンカン料理、マンガロール料理などのメニュー外リクエスト予約も歓迎とのこと。

沖縄のスィンディー出身者宅でいただく食事

沖縄には全国的にも珍しい、１９８５年に設立された沖縄ヒンドゥー寺院がある。毎週月曜には近隣のヒンドゥー教徒が集まり神へのバジャン（讃美歌）を唱和しているという。インドでも街角の寺院では夕刻にハヌマーンなどを讃える歌が唱和されていたりするのを通りすがりに耳にすることはある。しかし、それが日本で見られようとは。バジャンだけでなく、プラサードや寺院厨房なんかも見学出来るかもしれない。そう思うと居てもたってもいられず、気が付くと沖縄入りしている自分がいた。

寺院のバジャンに集まっているのは、主に旧コザ市のゲート地区で衣料品販売をしているスィンディーの人々である。皆さんかなり高齢化している。バジャンの集まりは毎週だが、年間通じた大きな行事はディワリ及びスィンディー正月のチェティ・チャンドである。こうした時には料理も併設の厨房で調理され出されるという。こうした調理器具類を特に興味を持ってしげしげ見ているうちに、こちらの素性が分かってもらえたらしく、当初警戒していたインド人の老人たちに受け入れてもらえた。ちなみに現在の寺院が出来る以前の参拝や宗教儀礼はどうしていたかというと、有志4人で費用を出し合い1970年代は嘉手納の方で部屋を借りて祭壇を作り、そうした行事に当てていたという。

集まっている人たちの多くは、現在パキスタン領土内のハイデラバード出身。大半は沖縄返還前に主に香港から渡って来た人たちで、最初から現在のような自営業ではなく主に香港ベースのアパレル系企業が沖縄に支店を構えるのに伴い駐在員として来日している。やがてアパレル企業の撤退や閉鎖に伴い店舗を構えて独立している。独立した時期は人によってまちまちだが沖縄返還後の70年代が多い。当時は対ドルレートも良く多くの従業員を雇っていたという。

そんな話をバジャンの後もいろいろ聞いていたのだが、そろそろ寺院を閉める時間だという。名残惜しそうにしていると「続きは自宅に来てナシュタ（軽食）でもしながらしますか？」と、寺院のリーダー格らしきラジャニさんが仰ってくれる。実はその言葉を待っていた。軽バンの後を付いて行って彼らのご自宅へ。5階建てのやや古いマンションで、玄関前にはカレーリーフとタマリンドが鉢植えされていた。タマリンドの鉢植えなんてさすが沖縄在住インド人だ、とひとり興奮する。

博識な旦那さんから沖縄インド人史についてお話を伺っているうちに、最も目当てにしていた家庭料理の準備が完成。ラジャニさんがテーブルに出来立てを運んでくれる。まず薄切り食パンの上に無造作にチャナーのカレーがかけられている。こうした食パンはプネーのスィンディーの

沖縄ヒンドゥー寺院外観

ラジャニさん宅でいただいた食事

祭りでも同様にプラサードとして配られていたのを後日見たので、スィンディーの料理と親和性が高いのかもしれない。食事中、辛いのは大丈夫かと聞かれるが程よい辛味。食パンを食べ終えるとライスはどうかとすすめられ、タッパーに保存しておいたカレラ（ゴーヤ）のサブジ、ダール、ミント・チャトニなども出してくれ、さらに冷蔵していたチャパティまで出してくれた。

スィンディー・プラオやダール・パクワンといった一般的なイメージのスィンディー料理ではない、インドですらなかなか巡り会えないふだん着のスィンディーの食卓体験が出来たという点で大変貴重だった。いただいた料理は当然ながら全て美味く、これだけで沖縄に来た価値が十分にあったと感じられた。

沖縄のネパール人学生食堂

福岡だけでなく沖縄にもネパール人学生が多いという話は数年前から聞いていた。福岡市で学生相手に営業しているネパール飲食店の中でも、沖縄支店の開設を狙っている業者の話も耳に入ってくる。一体、ネパール人学生は沖縄のどのあたりに固まっているのだろう。調べてみると浦添市にあるＪＳＬ（日本アカデミーという日本語学校とインターナショナルカレッジという専門学校の二つで構成されているらしい）という学校にネパール人学生が特に多いことが分かった。

レンタカーでＪＳＬに到着したのが中途半端な午前11時頃。まだ授業中なのかネパール人の姿は見えない。とりあえず何か食べながら情報を得られないかと学校近くのインドネパール料理店カスタマンダップ浦添・仲西店へ。このカスタマンダップは、元々北谷で長年営業していたが、ＪＳＬが開校後、ネパール人学生の需要を見越して約3年前にこの場所に支店開設したという。店の外観写真を撮っていると中から手を振るネパール人が居る。よく見ると東京で顔なじみのネパール人だった。東京で送金会社の営業として勤務している彼はたまたま沖縄に営業に来ていた

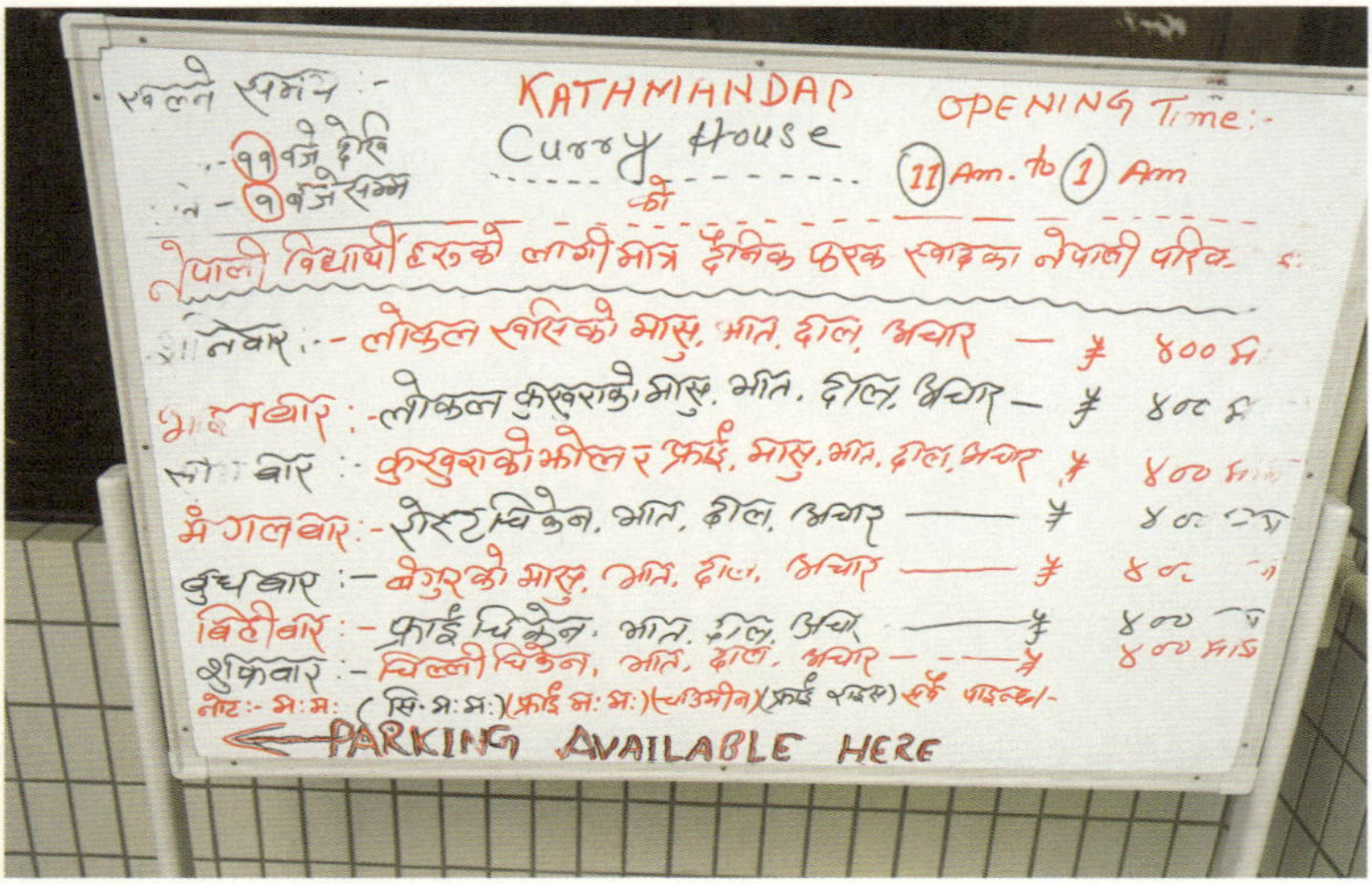

ネパール語で書かれているカスタマンダップのボードメニュー

浦添市カスタマンダップ外観

という。JSLには学校併設の学生寮があり、彼らの大半はカスタマンダップに食事に来る。アルバイトの稼ぎをネパールに送金したり学費を仕送りされたりするので身近に送金屋は必要不可欠なのである。

店の表にはネパール語のボードもあり、ネパール人学生向けの学割料金400円で食べられるダルバートも凄いボリューム（その代わりおかわりは出来ない）。400円のダルバートとは、知る限りにおいて日本国内最安のダルバートである。更にこの店ではツケが効き、学生は食べる毎にノートに名前を書き、バイト代の出る月末あたりにまとめて支払う。このようなやり方はネパールにもあるという。

客として来ていた学生に聞くと、取り立てて沖縄にはまだ出身地別のサマージとかグループなどは存在せず、コミュニティでのイベント活動は頻繁ではないらしい。勉強とバイトが忙しく、夜遅くにこの店で食べて寝るだけの生活という学生も少なくない。進学・就職先はまちまちだが、東京に出たいという人も居ればネパールに帰りたいという人もいる。現在この学校にはネパール人学生が約350人いてベトナム、中国などの学生を抜いて最多出身国である。ネパール人学生がやがて卒業後にビジネスビザを取得し那覇市でのレストラン出店が予想され、更には付随するビジネスも展開しそうな予兆が感じられた。

バングラデシュ人学生宅でいただく食事

沖縄に到着した初日、たまたま入った宿泊先近くのコンビニに勤務していたバングラデシュ人勤労学生のサミール君。もちろん初対面だが、あわよくばと思いバングラデシュ料理の話題を色々振ってみたら「じゃあ食べに来ますか?」と狙った方向にとんとん拍子に展開し、ディナーをご馳走になる運びとなった。

後日指定された古びた鉄筋アパートを訪ねてみるとそこは二段ベッドが二つ置かれただけの殺風景な部屋で、通っている日本語学校の学生寮とのことだった。彼らバングラデシュ学生は4人でこの部屋に住んでいる。部屋の台所からはスパイスのいい香りが漂ってくる。元々サミール君たちはバングラデシュ第二の街チッタゴン方面の出身で、ダッカでの学生時代に自炊生活経験もあり料理もお手の物とのこと。同居している兄のフィアズ君と同級生のウマル君もこの日は料理を手伝ってくれていた。

訪問時は4月で、もうじきバングラデシュ正月であるポイラ・ボイシャキがはじまる頃。本来

心尽くしのブナ・キチュリでもてなしてくれた

ならイリシィを添えたパンタバートなどを食べてお祝いすべきなのだろうが、食材の入手も難しくアルバイトも忙しいのでそうした料理は口に出来ないという。那覇市にはバングラデシュ食材も販売するバングラデシュ人経営のプロバシ・ハラールフードが存在するものの、学生の懐事情的に決して安くはないため、日常的な香辛料や干し魚（シュトキ）などの他は特別な時にだけ冷凍魚を買うという。

そうこうしている内に一皿目が完成。ソーメンを茹でてガラムマサラなどで味付けしたもので普段は主にこの料理を食べているらしい。「彼らの出身地には麺的な料理を好む伝統があるのか？　あるいは中華系の影響か？」と深読みしたが、単に手軽で安いという理由だった。次いでジャガイモ入りの骨付きチキンカレーと濃厚でベンガルらしい味わいのブナ・キチュリ。手のかかるブナ・キチュリは休みの日に食べるご馳走らしい。人参を細かく刻んだサラダも振りかけてくれた。寮のあまり整っているとはいえない調理設備だが、心尽くしの料理はことのほか美味かった。

ネパール人留学生に比べて、沖縄では圧倒的にバングラデシュ人留学生は少ない。2016年の在留外国人統計によると、沖縄在住ネパール人が1919人に対してバングラデシュ人は59人。とかく比較されがちなのであろうか、彼らバングラデシュ人学生から見たネパール人学生観が面白かった。曰く、ネパール人学生はハードワーカーだがあまり学校に来ないし、来ても酒臭かったりする。彼らがハードワーカーなのは幼少時から肉体労働に慣れているからで、学業中心の学生生活を送ってきた自分たちとは違う。自分たちはあくまで勉強に来たから去年一年で学校を休んだのはイードの日の二日間だけだったなど、言葉の端々にプライドの高さがにじみ出ているのがいかにもベンガル人らしく感じられた。

日本最南端のモスクの食

沖縄にも少なからぬムスリムは在住し、礼拝のためのモスクもある。元々琉球大学のムスリム留学生のために大学構内に礼拝所が約30年前から準備され、学校関係者以外でも礼拝は可能とのことだが、そうは言ってもなかなか琉球大学以外の留学生・社会人がそのために大学内に入るのも難しい。そうした需要に応えて約4年前に中頭郡西原の地にプレハブながらモスクを取得し、金曜礼拝を中心に沖縄では貴重なムスリムが集まる場となっている。インドネシアなどからのムスリム留学生が増加していることもあり、プレハブモスクが手狭となりつつあることから、福岡モスクを手本にして現在近くの場所に新たなモスクを建造計画中だが、在籍するムスリムの多くがアルバイトしながら勉強する留学生のためなかなか寄付金が集まらず、こうした資金繰りなども時々来沖する福岡モスクの幹部にも相談しているという。

この日ナマーズに集まったのはパキスタン、アフガニスタン、バングラデシュ、アフリカ諸国などの中にマレーシア人の奥さんを持つ日本人の方も一人いた。どの国籍が多数といった偏りも

モスクで礼拝後にふるまわれたハリーム

沖縄モスク外観

ない。そもそも沖縄ではモスクがひとつだけなので、礼拝のために国籍や仕事の如何を問わず全てのムスリムはここに集まらざるを得ない。モスクとは本来そのような場だが、出身国籍や特定の宗派などによって建立されるモスクが細分化している北関東や東海地方のモスクを見てきた目には新鮮に映る。来ていた在沖縄パキスタン人の中で唯一中古車ビジネスをしているという方から話を聞くと、沖縄には純粋なハラールレストランは存在しておらず、そういう意味で自らがハラールレストランビジネスも考えているという。また、ラマダーン中のイフタールもこの場所でやっているという。ムスリムが沖縄にいるメリットとしては、犠牲祭の山羊の入手先に困らないこと。県産山羊が至るところで入手出来る。これは本土にないメリットである。

礼拝が終わると有志の方が家庭で作ってきたというライス（日本米）とハリームがふるまわれた。集まった皆さん分け隔てなく供出され、ひと時の歓談、情報交換の場となっていた。皆でワイワイ話しながら食べるこうした場のごはんは例外なく美味しい。

おわりに

インド系食器にほぼ特化して商っている有限会社アジアハンターでは、扱っている商品の性質上、特に飲食関係のインドやネパールの方々とのお付き合いも多く、ほぼ毎日何かしら電話もしくは直接会ってやりとりさせていただいています。こうした人々と接点を持つようになり、利害関係も含めて深く付き合っていくうちに、インドやネパール、パキスタンやバングラデシュを旅している時に感じるのとは別種の、日本に在住しているからこそ浮き彫りにされる彼らの食事情に関心が向かうようになりました。

どのような食材が本国から輸入され、それがどんな風に調理されていくのか。飲食店を経営する上で故国のどんな料理をメニューに取り入れ、またどんな料理をメニューから除外するのか。食材入手の困難な地方都市における食材調達ルートとそこに関わる業者たちの動向。出身地を同じくするコミュニティ・グループ主催のイベントにおける祭礼料理の内容とその再現具合などなど。普段街中で訪れるインドカレー屋さんの何気ない笑顔の接客の裏に潜む、彼らの食事情・食へのこだわりを知っていくに従って、日本という限定された空間での故国の食文化を彼らがどうとらえ、どう再現しているのかが興味深く感じられて、その都度ちまちまとため込んでいた情報が本書のベースとなっています。

とはいえこうした情報を元に、当初は系統立てて整然と書いていくはずでしたが、書き進めているうちにあっちが気になりこっちが気になり、増やしたり消したりしているうちに脈絡のないネタの集合体のようなカオスな仕上がりとなってしまいました。これらをまとめていただいた阿佐ヶ谷書院の島田さんのご苦労に改めて感謝いたします。また様々な飲食情報をご提供いただいた、日本各地に居住する諸事情に精通したその筋の日本人の方々、インド人、ネパール人、パキスタン人、バングラデシュ人の方々の協力なくして成立しませんでした。個別に名前は挙げられませんが心から感謝いたします。

小林真樹プロフィール

インド食器・調理器具の輸入卸業を主体とする有限会社アジアハンター代表。商売を通じて国内のインド亜大陸インド・ネパール・パキスタン・バングラデシュ出身の飲食業者と深く関わる。1990年頃からインド渡航を開始し、その後も毎年長期滞在。最大の関心事はインド亜大陸の食文化で、食器の仕入れを兼ねてインド亜大陸各地を、営業を兼ねて日本全国各地を、それぞれくまなく食べ歩き踏破している。

http://www.asiahunter.com/

装丁・デザイン　白畠かおり
表紙写真　成田敏史
写真　小林真樹
協力　斎野政智
編集　島田真人

日本の中のインド亜大陸食紀行

2019年5月25日　初版発行
2020年6月15日　初版3刷発行

著　者　小林真樹
発行者　島田真人
発行所　阿佐ヶ谷書院
〒166-0004
東京都杉並区阿佐谷南2-13-9-101
e-mail:info@asagayashoin.jp
URL:http://www.asagayashoin.jp

印刷・製本　シナノ書籍印刷

本書を出版物およびインターネット上に無断複製（コピー）することは、著作権法上での例外を除き、著作者、出版社の権利侵害となります。
乱丁・落丁本はお取り換えいたします。

©Masaki Kobayashi 2019 Printed in Japan

ISBN 978-4-9907986-1-1